惟規集評釈

池田和臣
徳武陽子
著

青簡舎

序

人間と動物はどこが違うのか。動物は本能のみによって生きているが、人間は本能だけでは生きられなくなった生き物である。人間は大脳の発達によって言葉を獲得した。言葉によって、思考世界＝心の世界と本能を超えた過剰な欲望とを獲得した特殊な生き物、それが人間だ。

つまり、人間とは過剰と倒錯の生き物である。過剰な欲望による倒錯的な生と言っても、性的倒錯のような変態とは限らない。風雅に徹する生き方も、所詮、過剰と倒錯の生き様に過ぎぬ。風雅に徹する生き方を風狂と呼ぶように、それもまた過剰と倒錯の「狂い」に違いは無い。

過剰と倒錯の生き様を人が選びとる理由は、様々であろう。あるいは立身出世の野心であり、あるいは人間関係のしがらみからの遁走であったかも知れない。理由はとにかくとして、常軌を逸した過剰と倒錯の生き様は、人間にしかできない、あまりに人間的な営みとも言える。

「よしなき物語、歌のことをのみ心にしめで、夜昼思ひて行ひをせましかば」とは、更級日記作者の悔恨である。物語や和歌は、日常生活の煩わしさから心を解き放ってくれる浪漫的あこがれの世界であり、風流な別世界である。が、同時に、実直な日常生活からすれば実のない無用なもの（あだなるもの・よしなきもの）でもある。それゆえ、老いた更級日記作者は、夢見がちな文学少女であった若き日の自分を悔いているのである。

ところが、そのような日常生活に役に立たないことに命をかける人間もいる。ある物事への過剰な欲求が、日常的価値観を倒錯させる。世俗の価値観からみて無用・無意味なことに命をかける。芸術至上主義と言ってもよかろう。

源氏物語の作者紫式部には、まったく性格の違った弟（兄という説もある）がいた。紫式部日記・公卿日記に姿をとどめ、説話集に伝説的逸話を残している。姉紫式部より二歳ほど下と考えられている。天延二年（九七四）頃生まれ（天禄三年〈九七二〉生まれという説もある）。寛弘八年（一〇一一）秋、父の任地越後に没す。まだ三十代後半であった。

幼少時、漢学者であった父為時から漢籍を教えられた時、かたわらで聞いていた紫式部のほうが聡く覚えてしまい、父がいたく嘆いたという（紫式部日記）。役人としての出世も遅く、寛弘四年（一〇〇七）に兵部丞兼蔵人に任官。その折の藤原道長の日記御堂関白記には、「任後人不知賢愚」と皮肉な評言がくわえられている。はたして道長の予感どおり、翌年には早速失態を演じている。懐妊により父道長邸に里下がりした中宮彰子に、天皇から御文が送られ、その使いに蔵人惟規がたった。が、惟規はふるまい酒に泥酔してしまったという（不知記）。また、大晦日に内裏に引き剥ぎ（強盗）がはいった時、紫式部は恐ろしさのあまり、殿上の間にいる弟を呼んでと「恥も忘れて」叫んだが、惟規はさっさと退出してしまっていて、紫式部はなんとも恨めしく頼りない思いをしたという（紫式部日記）。すなわち、惟規はいたって無能な官人であったというわけだ。

しかし、恋と歌においては傑出した好き者であったらしい。ちなみに、好きとは好色のみではなく風流をもいう。惟規は恋と歌に命を懸けた風狂の人であった。姉紫式部の仕える彰子のサロン、それとはライバル関係にある大斎院サロンに仕える女房、斎院の中将との恋愛関係は有名である。その女のもとに忍んでかよっている頃、警護の侍に気付かれ、出られないように門を閉じられてしまう。しかし、惟規の歌人としての名声によって、大斎院が許してやったという（俊頼髄脳・金葉集・今昔物語・十訓抄）。また、惟規は越後の国守として赴任する老いた父を心配しそれに従うが、旅の途上で病を得、越後に着くや亡くなってしまう。惟規の死への恐れや迷いを取り去るべく、父は引導を渡す僧を呼ぶ。僧は死後の世界の虚無を説き、この世への執着を捨てるように諭す。しかし、惟規は説教などには耳をかさず、「あの世とやらには、嵐に散りまがう紅葉はあるか、秋風になびく薄、そのしたで鳴く鈴虫の声はあるか」と問い返す始末、そして都に残してきた女への歌を書き果てずして、息絶えたという（俊頼髄脳・今昔物語）。惟規は信仰よりも恋愛と歌に情熱をそそいだ芸術至上主義者、唯美主義者、風狂の痴者《しれもの》であった。

惟規には、全体で三二首しかない小規模な家集が残されている。この家集は、「あるをとこ」と惟規を三人称で語りだしているが、これは和泉式部日記や更級日記とおなじように、惟規自身がみずからの歌を物語的に編集しようとした痕跡と思われる。しかし、歌の配列や構成が整ってはいず、未整理のままに終わった、自選の草稿本のようである。完成していたら、伊勢物語のような華やかな色好みの恋愛絵巻が展開していたかも知れない。この惟規集は、これまでに詳細な注釈書がかかれていない。そこで、この家集の歌を詳細に読み解き、その作業をとおして、惟規の歌の独自な世界と惟規の生に光りをあててみた。本書は、倒錯と過剰の生を、芸術至上主義的な生を生きた藤原惟規の歌に対する、ささやかな評注と論考である。

惟規集の歌はほとんどが恋の歌であるが、たんにほとばしる恋情を詠んだような歌ではない。和歌の伝統をはみだしたような発想と表現が目に付く。同時代の歌にはない比喩とかことばの組み合わせをよく用いたり、ある時は伝統的発想を逆転させて使ったり、ある時はすでに古くなった表現（陳腐な序詞）をあえて用いたり、とにかく目新しく奇抜な表現を好む傾向が顕著である。異端的、実験的、前衛的歌詠みであったことが、歌の分析からひしひしと伝わってくる。いかにも、官人という政治的現実世界に背を向けて、歌に命を懸けた風狂の人らしい。

たとえば第一首目の歌「ある男、大和にて、ともしの火を見て／牡鹿たつ外山の野原ともす火と身をのみ焦がすなにの思ひぞ」、この歌の興趣は以下の如くである。「ともし」というのは鹿狩りに使う火串《ほぐし》のこと。馬に乗った狩人は、火をつけた「ともし」を腰にさして、闇の山野を静かに分け行く。鹿は人がいるとも知らず、動くともしの火をじっと見つめる。鹿の目はともしの火を反射して、闇に光る。その目の反射を狙って、狩人は矢を射る。鹿は眉間を射抜かれる。闇の中に光る目。火を見つめたゆえに、死を招き寄せてしまう鹿。なんとも美しくも無惨な光景。そして、この闇の中で狙い撃たれる鹿は、恋に捕らわれ身を焦がし、焦がれ死にする人間の比喩になっている。美しく無惨な焦がれ死にの比喩になっている。

「ともし」を詠んだ歌は、紀貫之にもある。しかし、闇の中で狙い撃ちされる美しく無惨な鹿の運命を、焦がれ死にする人の思いと重ねて詠んだ歌はない。これは惟規の独創といえる。多くの恋愛の修羅場をくぐり抜けた惟規だからこそ成し得た美しく無惨なイメージであった。

そして、ふと思う、惟規の現実の世界における無能さは、歌と恋の風流の世界に没頭するために、敢えてした演技ではなかったかと。臨終の伝説が語っていたように、惟規は死後の世界を恐れたり、極楽往生を願ったりはしていなかったのではないか。惟規は俗人がとらわれる死や地獄の恐れなどに頓着していなかったのではないか。虚無といってもいいかも知れない。味気ないこの世の本質を見抜いてしまった惟規の目は、歌と恋の美しい綾しか見ようとしなかった、風流の世界に静かに熱く狂うしかなかったのではないか。虚無の心もて、意志的にあだなるみやび、はかなく浮ついた無用な風流に生きたのではなかったか。

このような歌に命をかける風狂の痴者は、惟規が始めという訳ではない。伝説としてだが、風狂の系譜はしかとある。天徳歌合で平兼盛との名勝負に負け、不食の病で死んだ壬生忠見。歌詠みとしての矜持高く、召されもしない歌合にかってに出かけて行き嘲弄された曾禰好忠（斬新な表現を開拓した特異な歌人であり、惟規の歌のなかにはこの人の歌に影響を受けているものがある。惟規は自分の生き方の手本としてこの人をみていた可能性がある）。また、藤原公任に自作を難ぜられ、死んでしまった藤原長能。風流な行動を藤原行成に馬鹿にされたことを根に持ち、内裏で乱暴狼藉におよび、陸奥国に左遷された藤原実方（一条天皇に「歌枕見て参れ」といわれ、陸奥守に左遷され、その地に没した。松尾芭蕉も奥の細道の途次、実方の墓を訪れている。芭蕉もまた冷めた狂気をかかえこんだ人であったのであろう）。ちなみに、公任と行成は道長の時代の代表的知識人で、その現実的世界で有能な人間に、風狂の痴者＝芸術至上主義者たちは馬鹿にされていたということになる。ひるがえっていえば、政治的世界の有能な人間たちが、いかに人間的魅力に乏しいつまらぬ輩であったか、ということにもなろう。それはさて措いて、惟規の少し前の時代から同時代にかけて、歌に命をかける風狂の痴者たちが散見される。そういう人間たちの系譜のなかに、惟規を位置づけておきたい。

現実生活では無能、しかし恋と歌においては放縦、このような天才肌の弟が、源氏物語作者紫式部にはいたのである。惟規は、紫式部をとりまく文学的かつ人間的環境の、強烈な一部であったといえよう。思慮深く控えめな紫式部は、自分とは正反対といってもよい惟規の生をとおして、ひょっとしたら人間について深く学んだのかも知れない。そして、その成果が源氏物語のどこかに活かされているのかも知れない。

また、注釈の過程で気付いた問題点（惟規歌の表現の独自性・先行歌とのかかわり・集の構成など）は、本書後半に徳武氏が論文としてまとめた。惟規歌の特質と系譜・惟規をめぐる歌人たちについての新知見を提出できたと思う。ここに取り上げなかった論点も少なからずある。徳武氏によってさらに展開されることを期待したい。

二〇一七年霜月

池田和臣

目次

I　評釈

〔凡例〕

一、本書は藤原惟規の私家集『藤原惟規集』と、家集不載の惟規の歌に注釈を施したものである。

二、『藤原惟規集』の本文の底本には書陵部蔵御所本を用いた。また、家集不載歌の本文は『新編国歌大観』を用いた。

ついでに諸本について述べておく。『藤原惟規集』の伝本には高松宮旧蔵国立歴史民俗博物館現蔵本と宮内庁書陵部蔵本の二本がある。高松宮旧蔵本は横本で縦一四・五糎、横二一・〇糎。袋綴本。本文七丁（内墨付五丁）。書陵部蔵本は横本で縦一四・六糎、横二一・四糎。袋綴本。本文七丁（内墨付五丁）。これらの二本は同一本文を持ち、所収歌は全三二首。二本とも本文は一面一一行で歌は二行書き、詞書は肩から二字下がる。一面の行数、改行の箇所、上の句が一行に収まりきらない場合の字配りなども一致しており、近い関係にあることが窺われる。共に近世の書写と見られる。

三、注釈は原則として本文・【釈文】・【通釈】・【語釈】・【鑑賞】の順に記した。

四、『惟規集』諸本間に本文の異同がないので【校合】の項は設けなかった。ただし、本文に問題がある二・一四・二五・二七番歌については特別に【本文整定】の項を設けた。

五、家集不載歌の校合は行っていない。

六、【釈文】は、表記を次の通り私に改めた。

（1）意を汲みやすくするため、ひら仮名を適宜漢字に改め、また、濁点・読点を施した。

（2）漢字表記については、通用の字体と異なるものは通用の字体に改めた。

（3）ひら仮名表記が一般的な語、語意にそぐわない漢字をひら仮名に改めた。

（4）必要に応じて送り仮名を補った。

（5）本文の表記を歴史的仮名遣いに改めた。
（6）右の（4）（5）の箇所には傍点「・」を付した。
七、【語釈】【鑑賞】の和歌の引用は、原則として『新編国歌大観』により、その歌番号を記した。『万葉集』は新番号の後に旧番号も併記した。その他は『私家集大成』から引用した。
八、引用した歌の表記の中には、読解の便宜を図り、表記を改めた箇所がある。その部分は元の表記をルビとして残した。また、漢字の読みを示す場合は、（　）に入れて右側に傍記した。
十、和歌以外の作品については『新日本古典文学大系』・『新編日本古典文学全集』等から適宜引用した。
十一、一・二・一九・二〇・二七・三〇番歌は池田が、その他の歌は徳武が担当し、最終的な取り纏めを池田が行った。

あるをとこやまとにてともしのひをみて

一　をしかたつとやまの、はらともすひと　身をのみこかすなにの思そ

【釈文】

ある男、大和にて、ともしの火を見て

牡鹿立つ外山の野原ともす火と　身をのみ焦がすなにの思ひぞ

【通釈】

ある男が、大和で、ともしの火を見て

牡鹿が立つ外山の野原でともす火のように、我が身ばかりを焦がすのはどういう想い、心の火なのか。

【語釈】

○ともしの火　鹿狩に用いられた灯火。「逢《あ》ふことをともしの鹿《しか》のうちむきて　目《め》をだにみせば射《い》るべきものを」（『古今和歌六帖』一一六九）と詠まれるように、ともしの火の光が反射した牡鹿の目をめがけて矢を射る。「さ月山ともしにみだる狩《かり》人は　おのが思《おも》ひに身《み》をややくらん」（『重之集』二五〇）のように、激しく燃える恋情の比喩として用いられる。**○牡鹿**　秋の夕暮れから夜、牡鹿を求めて山を下りて鳴く。恋歌に多く詠まれる。**○外山**　高い嶺や茂った樹木のある深山・奥山に対して、連山の外れにある山、人里に近い低い山をいう。**○と**　比喩を表す格助詞。「～のように」「～と同じように」の意。**○思ひ**　「おもひ」の「ひ」に「火」を掛ける。

【鑑賞】

当歌の詞書は「物語的な客観化した表現」であり、当家集には「虚構の要素」がある（『私家集大成』解説・今井源衛）という指摘がある。その指摘のとおり、家集の冒頭にあたる当歌の詞書は、「ともしの火」と「狩」の関連から、『伊勢物語』の冒頭「むかし、おとこ《（を）》、うゐ《（ひ）》かうぶりして、平城《なら》の京、春日の里にしるよしして、狩に往にけり。」を模

して書かれたものと思われる。

「牡鹿立つ」という句を持つ歌は他に「をしかたつ尾《を》の上《へ》にしげる秋萩に　下葉《したば》のうへを知《し》る人のなき」（『小馬命婦集』二二）のみであり参考歌として挙げられる。

「身をのみ焦がす」という表現を詠んだ歌は二首。「狩《かり》人のしたにみをのみこがせども　くゆる心のつきずもあるかな」（『和泉式部集』五六九）は、狩という歌材も共通している。もう一首は『源氏物語』の「こゑはせで身をのみこがす蛍こそ　言《い》ふよりまさる思ひなるらめ」（蛍巻・三七三　玉鬘）である。和泉式部の歌は「内侍なくなりたるころ、人に」贈ったという連作（五六五～五七〇）の中の一首。和泉式部の娘小式部内侍が亡くなったのは万寿二年（一〇二五）一一月。惟規の没した寛弘八年（一〇一一）より後である。和泉式部の頭の片隅に、惟規の歌があったのだろうか。また、もう一首の作者が紫式部であるのも興味深い。

牡鹿の下りる場所はそれまで「山辺」「山下」「山里」と詠まれており、当歌は「外山」と詠んだ最初の例である。惟規の没する一〇一一年頃までに「外山」を詠んだ歌は約二〇首。そのうち曾禰好忠の歌が四首、和泉式部の歌が三首を占め、惟規にももう一首の歌（一四）がある。和泉式部は好忠・恵慶法師らに歌を学んでいたから、彼女がこの語を繰り返し詠んだのは好忠の影響であろう。和泉式部の出生は惟規と同時期の天元元年（九七八）頃と考えられているから、惟規も好忠に影響を受けたものと考えられる。それにしても、「身をのみ焦がす」という表現も共通する惟規と和泉式部との影響関係は注目される。

「ともし」は、『万葉集』では海人の漁火として詠まれることが多いが、平安時代に入り、鹿狩の照射や蛍の光として詠まれるようになった。『海人手古良集』では四首、『能宣集』では三首に詠まれており、初期定数歌作者が好んだ表現であった。先の「外山」同様、定数歌歌人の影響が窺われる。

平安時代、照射を用いた鹿狩は「さ月山ともしにみだる狩《かり》人は　おのが思《おも》ひに身《み》をややくらん」（『重之集』二五〇）・「夏の夜はともしのしかの目《め》をだにも　あはせぬ程に明けぞしにける」（『和泉式部集』三二一）と詠まれるように、夏の風物として定着しつつあった。一方、当歌に詠まれた「外山」は、牡鹿が秋に下り立つ場所である。先に参考歌として挙げた小馬命婦歌も、秋に鳴く牡鹿を詠んだものである。「ともし」と「外山」とは季節が一致しないように思われるのだが、『万葉集』では「山辺《やまへ》には猟夫《さつを》のねらひかしこけど　牡鹿《をしか》なくなり妻《つま》が目《め》を欲《ほ》り」（巻一〇「秋雑歌」・二一五三・二一四九）のように鹿狩は秋の風物として詠まれ、また、好忠にも「ともすと秋《あき》の山辺《やまべ》にいる人の弓《ゆみ》の矢風《やかぜ》にもみぢ散《ち》るらし」（『好忠集』「九月をはり」二七四）という歌がある。惟規の念頭には、これらの歌があったように思われる。

当歌には、恋の情念のように燃える照射と、妻を恋い求める牡鹿という恋歌の題材が併せて詠み込まれている。闇の野原には遠くに照射の火が光り、どこからか牡鹿の鳴き声が聞こえてくる。そうして照射を目にした惟規の目にも、牡鹿と同じように照射の火が――恋の炎が燃えている。自分も牡鹿のように、やがて恋によって命を落とすかもしれない――恋に生きる我が身を詠った歌。

当歌は目に反射するともしの灯を詠んでいるから、「ともすひと／みをのみこがす」には「瞳を焦がす」の意が掛けられていると思われる。「瞳」を詠んだ先例は「にしへゆく風《かぜ》もあらなん濡《ぬ》れ衣《ごろも》　ひとみこぼるる涙《なみだ》とかせん」（『為信集』一九）のみである。『為信集』は、歌の表現や男女のエピソードなどに『源氏物語』と通じる点が多いことから、紫式部の外祖父藤原為信の家集か否かが問題とされている。その『為信集』と『惟規集』とに共通点があるのは非常に興味深い。

おんなに

二　もくつたくあまのかやりひそれすら《ダニ》も　す丶ろにか丶るしたもえはせし

【本文整定】

類義語の「すら」「だに」は、もともと事柄の内容によって使い分けられていたが、中古以降は和文で「だに」を、漢文訓読文で「すら」を使うようになった。

和歌における「すら」の用例も、『万葉集』には多いが、平安時代前期は『貫之集』『躬恒集』『古今和歌六帖』（『万葉集』『貫之集』との重複あり）に散見されるばかりである。この古体な「すら」を河原院周辺の歌人たちは積極的に用いたらしく、『順集』『海人手古良集』『恵慶集』『好忠集』『千穎集』『保憲女集』『和泉式部集』『道済集』に用例が見られる。中でも好忠は六首と多い。惟規が河原院周辺の定数歌作者や『万葉集』の歌から影響を受けていることは先述のとおりである（一番歌【鑑賞】参照）。「すら」の使用もその一例であろう。当歌は『万代集』『夫木集』にも収められているが、これらの歌集本文も「すら」をとっている。傍書は、後人が一般的な表現として注記したものであろう。

【釈文】

女に

藻屑たくあまの蚊遣火それすらも　すずろにかかる下燃えはせじ

【通釈】

女に

（藻塩を焼く煙がありながら）藻屑を焚く海人の蚊遣火、それさえも、このように当てもなく激しく燻って燃えることはあるまいよ。

【語釈】

○藻屑　藻の屑。**○あま**　海人。魚介や海藻を採取したり、海藻を焼いて塩をとったりする海浜労働者。男女を問わない。**○蚊遣火**　夏に蚊を追い払うためにいぶす火、またはその煙。煙が下の方で燻ることが多いため、胸の内に秘めた想いの比喩として詠まれる。「かやり火の小夜《さよ》ふけがたの下《した》こがれ　くるしやわが身ひとしれずのみ」(『好忠集』一六〇)**○すずろに**　無意味に。むやみに。**○下燃え**　勢いよく燃え上がらず、下の方で燻りながら燃えること。人知れず想い焦がれる心の比喩として、蚊遣火・埋み火などの「火」や「煙」とともに詠まれる。

【鑑賞】

惟規の没する一〇一一年頃までに「藻屑」を詠んだ歌は約一五首。その多くは「刈《か》り捨《す》つる池のもくづの今はとて　くちたる身にも哀《あはれ》とぞ見ゆ」(『小馬命婦集』五)のように顧みられないものの比喩として詠まれている。「藻屑」と類似する語に「すくも」がある。「すくも」を詠んだ歌は五首と少ないが、いずれも「すくも」を燃やすという脈絡で詠まれており、三首は「津《つ》の国《くに》のなにはたたまく惜《を》しみこそ　すくもたく火《ひ》の下《した》に焦《こ》がるれ」(『後撰集』恋三・七六九　紀内親王)のように内に秘めた恋心の比喩として詠まれる。「藻屑」が「下燃え」をするという当歌の表現には、「すくも」のイメージが重ねられているように思われる。顧みられないと知りながら恋い焦がれる惟規の姿である。

曾禰好忠には「藻屑」を詠んだ歌も「すくも」を詠んだ歌もある。そして、その詠み方がいずれも当歌と似ている。

すくもやくみほの浦人《うら》ふななれて　いくその夏《なつ》をこがれきぬらん　(『好忠集』一一二)

もくづやく浦《うら》には海人《あま》やかれにけん　けぶり立《た》つとも見えずなりゆく　(『好忠集』四四五)

また、「蚊遣火」を詠んだ歌は、『順集』（一首）・『能宣集』（四首）・『好忠集』（二首）・『和泉式部集』（一首）と、河原院グループ歌人の家集に目立って認められる。当歌にも河原院歌人の影響が見て取れる。

「海人」には〈藻塩を焼く者〉というイメージが定着している。その海人が「藻屑」で「蚊遣火」を焚くという発想は当歌独自のもの。藻塩を焼く煙は「藻塩《もしほ》やくけぶりになれし須磨《すま》の海人《あま》は　秋立《た》つ霧《きり》も分《わ》かずやありけむ」（『中務集』二七）と詠まれるように、その量が夥しい。それに加えて蚊遣火を焚くのは全くの無駄である。これが「すずろ」を導く序となっているのだが、惟規の恋はそれ以上に「すずろ」だというのである。

藻塩を焼く煙も「塩釜《しほがま》のうらとはなしに君《きみ》こふる　けぶり絶《た》えずもなりにけるかな」（『古今和歌六帖』一八八六）のように恋心の比喩として詠まれる。その煙があるために、藻屑を焚く蚊遣火は「すずろ」なのである。惟規が恋い焦がれる女には、公然の恋人がいたのかもしれない。

藻塩がもくもくと煙を立てている傍らで、蚊遣の火を立てる海人の姿は何とも愚かしい。藻屑だけでなく海人にも、惟規の姿が投影されていよう。実を結ぶことのない恋に身をやつす我が身の、何と無様なことか。しかし、そうと分かっていても、恋の火は消せないのである。

三　　またをんなに

ひとしれぬをもひをみこそいはしろの　のやくけふりのむすほゝれつゝ

【釈文】

また女に

人知れぬ思ひを身こそ岩代の　野焼くけぶりのむすぼほれつつ

【通釈】
また女に
火のように燃える想いを言うまいとして心の内に秘めていると気が塞いで、我が身の方が岩代の野焼きで焼かれるように、焦がれ死んでしまいそうです。しかし、私の想いは地を這う煙のように残って、あなたの傍から離れることはないでしょうよ。
【語釈】
○思ひ　「火」を掛ける。**○こそ**　そこに示した事柄を取り立てて強調するため、他との対比が意識される。ここでは心と身体とを対比させている。**○岩代**　紀伊国の歌枕。現在の和歌山県日高郡南部町岩代。「岩代《いはしろ》の浜松《はままつ》が枝《え》をひきむすび　ま幸《さき》くあらばまたかへり見《み》む」（『万葉集』巻一・一四一　有間皇子）等によって「結び松」のイメージが定着した。平安時代以降、「松」の縁語「結ぶ」「解く」に恋心を重ねて詠まれる。「言はじ」を掛ける。**○けぶり**　「火」の縁語として恋歌に多く詠まれる。**○むすぼほれ**　気がふさぐ。「煙」の縁語。人知れぬ恋に思い悩み、気が塞いでいる様と、火が勢いよく燃えないために煙も上にのぼらず、辺りに滞っている様を重ねる。
【鑑賞】

前歌に続き、燻る煙に忍ぶ恋の苦しさを重ねた歌。詞書に「また女に」とあるから、前歌と一連の作であろう。

「岩代」に「言はじ」を掛けて詠んだ先例は、曾禰好忠の「わがことはえもいはしろの結《むす》び松《まつ》　ちとせは経《ふ》ともとけじとぞ思《おも》ふ」（『好忠集』五八六）をはじめ、恵慶法師（『恵慶法師集』二五〇）・大中臣輔親（『輔親集』七三）・大江匡衡（『赤染衛門集』六一）・増基法師（『夫木和歌抄』九九八五）の五首で、河原院グループ歌人の作が目立つ。また、惟規が没する一〇一一年頃までに「けぶり」と「むすぼる」を縁語として詠んだ歌は、「この世《よ》をも後《のち》をもいかにいかにせん　もえむけぶりもむすぼほれつつ」（書陵部蔵御所本三十六人集本『能宣集』・一六九）・「いまはとて燃えむけぶりもむすぼほれ　絶えぬ思ひのなほや残らむ」（『源氏物語』柏木巻・五〇一　柏木）・「それと見《み》よ都《みやこ》のかたの山ぎはに　むすぼほれたるけむりけむらば」（『和泉式部集』・二一四）の三首。（『源氏物語』の古注釈には「むすぼほれもえしけぶりもいかがせん　君だにこめよながき契《ちぎり》を」（『源氏釈』一五二）という歌が載る。）能宣の歌は句の形や詠み込まれた位置が一致しており、惟規はこれを参考にしたと考えてよい。紫式部の歌との影響関係も興味深いところである。

『能宣集』と『源氏物語』の歌は、死後もこの世に残るであろう愛執を詠んだ歌。『和泉式部集』の歌も火葬の煙に思い乱れる心を重ねて詠んでおり、何か断ち切れぬ思いを煙に重ねている趣。惟規も、自分の死後に残る愛執を詠っているように思われる。

第一・二句は「人しれぬ思ひをつねにするがなる　ふじの山こそわが身なりけれ」（『古今集』恋一・五三四　よみ人しらず）を引いている。当歌は煙の立つ場所を、駿河の富士から岩代の野へ詠み換えたのである。

「岩代」は「松」とその縁語「結ぶ」と共に詠まれてきたが、当歌は「野焼く煙」をその情景として詠む。「煙」は岩代と関連がないように思われるが、その縁語として詠み込まれた「むすぼほる」は、岩代の景物「松」の縁語「むすぶ」と意味・音とも通じる。直接詠み込まれていないが、「むすぼほる」によって岩代の結び松のイメージが喚起される。

野焼のイメージは「春日野《かすがの》はけふはな焼《や》きそ若《わか》草の　つまもこもれり我もこもれり」（『古今集』春上・一七　よみ人しらず）・「中中になに逢《あ》ひ見《み》けん春日野《かすがの》の　やくるほのほをよそに見《み》ましを」（『古今和歌六帖』一一三八）と詠まれるように、特に春日野に結びついている。その春日野は、「春日野にたれかまつとはつげつらん　けふのねのびに鶯のなく」（『馬内侍集』一一二）のように、小松引の地として詠まれることも少なくない。また、春日には「やむごとなき家の七日夜／ふたばよりたのもしきかな春日野《かすがの》の　こだかき松のたねぞと思《おも》へば」（『能宣集』二三三）と詠まれるように、藤原氏の氏神を祀る春日山の松もある。春日は岩代と同じく「松」に縁のある地でもある。当歌は煙や松という共通の景物を介して、駿河から岩代へ、岩代から春日へと、連想を展開させて詠んでいるように思われる。女がどこへ行こうとも、惟規の愛執は女から離れないということか。

ところで、好忠の歌に「与謝《よさ》のうみと名《な》は高砂《たかさご》の松《まつ》なれど　身は牛窓《うしまど》によするしらなみ」（『好忠集』四七六）という、丹後・播磨・備前の歌枕を詠み込んだ歌がある。惟規はこれに触発されたのだろうか。寛和元年（九八五）二月一三日、好忠は円融院の子の日の御遊に召しなくして参上したと非難され、追い返された。この歌は、その翌日に献上した連ね歌の一首である。

四

加茂にて或女に

神かきのいかきのいかにちきらねと　かくていくたひみたらしの水

【釈文】

賀茂にてある女に

神垣の斎垣のいかに契らねど　かくていくたびみたらしの水

【通釈】

賀茂で、ある女に

神垣、いや、斎垣を越えてどのように約束したということもないけれど、このように行く度に幾度もあなたの姿を見ることです。

【語釈】

〇賀茂　山城国の歌枕。現在の京都市北区上賀茂本山。賀茂別雷神社（上賀茂神社）が鎮座する。賀茂御祖神社（下鴨社）とともに、山城国の一宮とされる。**〇神垣の斎垣の**　神垣・斎垣とも神社や神域の周囲にめぐらした垣。「斎垣」と同音の「いかに」を導く序。**〇いくたび**　「行く度」と「幾度」を掛ける。**〇みたらし**　御手洗川。身を清め参拝するための神前の川。本来特定の神社の川を指すものではないが、賀茂社・春日社などに詠まれることが多く、特に賀茂社の御手洗川が歌枕として固定していった。「恋せじと御手洗河にせしみそぎ　神はうけずもなりにけるかな」（『伊勢物語』六五段・一一九）を本歌とする恋歌も多い。「見」を掛ける。

【鑑賞】

神社の周囲にめぐらせた垣は「神垣」とも「斎垣」とも呼ばれるが、和歌におけるイメージは異なる。「斎垣」は「ちはやぶる神《かみ》の斎垣《いかき》も越《こ》えぬべし　いまは我《わ》が名《な》のをしけくもなし」（『万葉集』巻一一・二六七一・二六六三）を本歌とし、「越ゆ」と共に詠み込んだ恋歌が多い。一方、惟規の没する一〇一一年頃までに「神垣」を詠んだ歌は約一〇首。そのうち古今集時代の作が三首、『大斎院前の御集』が四首、当歌を含めた惟規の歌が二首を占める。古今集時代の歌はどれも「神垣《がき》の三室《みむろ》の山の榊葉《さかきば》は　神の御前《みまへ》にしげりあひにけり」（『古今集』神遊びの歌・一〇七四　よみ人しらず）のように神の威光を詠んでおり、恋のイメージとは結びついていない。大斎院サロンの作にも恋歌はない。

惟規が恋歌ながら「神垣」の語を用いたのは、大斎院サロンの作歌を意識してのことだろう。惟規の恋人には大斎院選子内親王に仕える斎院中将がいた。「かみがきは木《き》の丸殿《まろどの》にあらねども　名《な》のりをせねば人とがめけり」（『金葉集（二度本）』雑上・五四七）は、惟規が斎院中将のもとを訪れた際に詠んだ歌。当歌も詞書に「賀茂にて」とあるから、斎院中将に贈ったのだろう。

ちなみに『源氏物語』賢木巻には「神垣」と「斎垣」のイメージの違いを活かした恋の場面がある。

月ごろのつもりを、つきぐ〴〵しう聞こえ給はむも、まばゆき程になりにければ、さか木をいさゝかお《を》りて持給へりけるを、さし入れて、「変はらぬ色をしるべにてこそ斎垣も越え侍にけれ。さも心うく」と聞こえ給へば、

神垣はしるしの杉もなきものを　いかにまがへてお《を》れるさか木ぞ

光源氏は、伊勢へ下る決心をした六条御息所のもとを訪ねる。恋情断ち切れぬ源氏は越えるべき恋の「斎垣」を持ち出して言い寄るが、六条御息所は恋とは無縁の神聖な「神垣」を歌に詠み、源氏を拒むのである。「斎垣」と「神垣」の違いは、すれ違った二人の気持ちを端的に表している。

　惟規の歌に戻ろう。恋歌で「いくたび」という語が詠まれる場合、「いくたびかいくたの浦に立帰り　浪にわが身を打ちぬらすらん」（『後撰集』恋一・五三二　よみ人しらず）のように同音の「生田」が共に詠み込まれることが多い。また、「ちぎらねど」と詠む唯一の先例「身をなげて逢《あ》はむと人にちぎらねど　うき身は水にかげをならべつ」（『大和物語』一四七段・二四四）は、生田川伝説にちなんだ歌である。当歌には間接的に「生田」が詠み込まれている。間接的に詠み込まれた「生田」に対し、直接詠み込まれたのが「賀茂」である。賀茂の歌といえば、「恋せじと御手洗河にせしみそぎ　神はうけずもなりにけるかな」（『伊勢物語』六五段・一一九）が想起される。当歌は『大和物語』と『伊勢物語』の悲恋説話のイメージを重ねて詠んだ歌なのである。

　同様の趣向で詠まれた歌がある。

　四月廿日、みそぎの川原《かはら》に送《おく》りたる人、宰相君を降《お》り給《たま》へとあれば
なほみたらしのかはとこそ見《み》め
　とあれば、進
みそげどもかひなき恋のくるしきに
　とあり
　風の吹《ふ》く川波《かはなみ》いといたうするを御覧じて
としを経《へ》てみそぎかはなみたちかへり　いくたびかかるかげを見《み》つらむ

（『大斎院前の御集』一四七・一四八）

斎院は賀茂祭の前に賀茂川の水で身を清める。右に挙げたのは、その折に大斎院と女房達が詠んだ一連の作である。女房達の連歌（一四七）は無論『伊勢物語』の歌を踏まえて詠まれている。さて、大斎院の歌（一四八）である。「いくたび」と「たちかへり」の二語を詠んだ先例は『後撰集』五三二番歌のみである。また、水面の「かげ」を詠む点は『大和物語』の歌に通じる。つまり、大斎院は生田のイメージを響かせて詠んでいるのである。惟規はこれらの歌に着想を得たのではなかろうか。惟規は斎院中将に歌を贈る際、大斎院サロンの作歌をかなり意識していたのだと思う。

「いくたび」には「幾度」と「行く度」の意が、「みたらし」には「見」が掛けられている。惟規は出かけるたびに彼女の姿を見ていたというのだが、「ちぎらねど」と詠んでいるから、二人が恋仲になる前のことだろう。「見る」といっても、姿をほのかに目にする程度だったと思われる。「みたらし」に「見」を掛ける歌は、目にした姿を「そらめ」「影」と詠むことが多い。例えば「なかれても語《かた》らひはてじほととぎず　かげみたらしのかはとこそ見《み》め」（『大斎院前の御集』七三　藤原実方）、「賀茂《かも》に詣《まう》でて侍りける男《をとこ》の見侍りて、今《いま》はな隠《かく》れそいとよく見てき、と言《い》ひおこせて侍りければ／そらめをぞ君はみたらし河の水　あさしやふかしそれは我かは」（『拾遺集』雑下・五三四　伊勢）のように。

片思いの恋は切ないものだが、その中でも感じられる、ささやかな喜びを詠んだ歌。

五　千載　たのめとやいなとやいかにいなふねの　しはしとまちしほともへぬるを

【釈文】

頼めとやいなとやいかにいなぶねの　しばしと待ちしほども経ぬるを

【通釈】

あてにしろというのか、そうではないというのか、どうなのか。あなたは「稲舟」――「否」ではない、しばしの間お待ちになってと言ったけれど、その「しばし」と言える時間も過ぎてしまいましたよ。


【語釈】
○いなぶね　刈り取った稲穂を積んで運ぶ船。「もがみ河のぼればくだるいな舟の　いなにはあらずこの月ばかり」（『古今集』東歌・一〇九二　よみ人しらず）により歌語として認識される。「否ぶ」を掛ける。『俊頼髄脳』は第五句を「しばしばかりぞ」とする異伝を引き、「いなふね」の由来について、「この川は、出雲の国にある川なり。ことのほかにはやき川にて、四五日ばかりに上るなる川を、下れば、ただひと時に下る。されば、上りざまには、かしらをふりて上りがたければ、いなふねとは申すにや。」と記している。『奥義抄』にも同様の説明があり、当時の通説であったと思われる。異伝を引き「しばし」と共に詠んだ歌も多い。「物いふなかに、いかにもいかにも言《い》へと言《い》ひやりたるに、ただいなとのみあれば／いとどしくたのまるるかなもがみ川　しばしばかりのいなを見《み》つれば」（『相如集』一七）。

【鑑賞】

四番歌に続けて、「い」音の韻律のある歌が配列されている。当歌は『千載集』（恋二・六八二）入集歌だが、『千載集』は第五句を「ほどもへにけり」としており、小異がある。

惟規の没する一〇一一年頃までに「頼めとや」と詠んだ歌は、「柏木《かしはぎ》の森《もり》の下草《したくさ》くれごとに　なほたのめとやもるを見《み》る見《み》る」（『蜻蛉日記』一八　道綱母）・「絶え間のみ世にはあやふき宇治橋を　朽ちせぬものとなほたのめとや」（『源氏物語』浮舟巻・七四〇　浮舟）・「頼《たの》めとや頼《たの》まれじとや定《さだ》めなき　命《いのち》にかかる心《こころ》といふらん」（『小大君集』一一九）の三首。このうち、小大君歌は、初句に詠み込む点、第二句で打ち消す点、当歌と通じており、惟規はこの歌を参考にしたと思われる。小大君は天元から寛弘初期に活躍した歌人。円融天皇中宮煌子に仕え、後に三条院に女蔵人として仕えた。藤原実方・公任・道信・源頼光らと歌を贈答し、惟規の伯父為頼とは恋愛関係にあった。『源氏物語』に用例があることも興味深い。

当歌は古今集歌の異伝「もがみ河のぼればくだるいな舟《ぶね》の　いなにはあらずしばしばかりぞ」（『俊頼髄脳』四二〇）を本歌としている。「しばし」は無論「いなぶね」の縁語だが、それとは別のイメージも喚起させる。

「しばし」は、「いくそたび春《はる》の桜《さくら》にこりぬらん　しばしの色《いろ》に頼《たの》められつつ」（『忠見集』一〇〇）のように「花」と、「てる月の光《ひかり》はしばしよそならば　おもかげにのみ待《ま》たるべきかな」（『円融院御集』二五）のように「月」と、また「つゆばかり頼《たの》めおかなん言《こと》の葉に　しばしもとまる命《いのち》ありやと」（『古今和歌六帖』三三六七）のように「命」と詠まれることも少なくない。いずれも僅かの間しか保たれないもの、あっという間に消えてゆくものである。先に挙げた小大君歌は、その「定めなき命」を詠んだものであった。惟規は小大君の歌を引くことによって、「しばし」が孕む儚い命のイメージを喚起させているのではなかろうか。同様の趣向で詠んだ歌に「如何せむわが身くだれるいな舟の　しばしばかりのいのち絶《た》えずは」（『拾遺集』雑下・五七五　藤原兼家）がある。

惟規は、自分の露命がいつ尽きるかと思いながら、女の許しを待っている。女は「しばしばかり」――僅かな時間に過ぎないと言うが、それが、惟規にとってはかけがえのない、貴重な時間なのである。

六　うきしつみなみにやつるゝあまふねの　やすけもなきはわか身なりけり

【釈文】

うきしづみ波にやつるるあま舟の　やすげもなきは我が身なりけり

【通釈】

波に浮いたり沈んだりしてみすぼらしくなった海人の舟のように、あなたへの思いに心は乱れ、涙は流れ、我が身は憔悴してしまいました。いつ朽ち果てるかと穏やかならぬものは他でもない、この私なのでした。

【語釈】

○うきしづみ　「浮き」に「憂き」を掛ける。恋に思い乱れるさまの喩として詠まれる。「うきしづみ淵瀬《ふちせ》にさわぐにほどりは　そこものどかにあらじとぞ思ふ」（『後撰集』恋六・一〇二七　敦慶親王）・「あかずして君《きみ》を恋《こ》ひつるなみだには　うきしづみつつやせわたりつる」（『古今和歌六帖』二〇九四）**○波**　「涙」を掛ける。**○やつるる**　病気などで痩せ衰える。みすぼらしくなる。**○あま**　海人。魚介や海藻を採取したり、海藻を焼いて塩をとったりする海浜労働者。男女を問わない。**○やすげ**　形容詞「やすし（心穏やかである。のどかだ）」の語幹に、接尾辞「げ」を付けた語。「げ」は外見的状況から「〜と見える」「いかにも〜のさまである」の意。

【鑑賞】

前歌に続き、舟に寄せて詠んだ恋の歌。おそらく一連の作であろう。前歌の「いなぶね」が、首を左右に振って惟規を拒む女の喩であるならば、当歌の「あま舟」は、恋に身もだえ、憔悴してゆく惟規の喩である。波に揉まれて徐々に朽ちていく舟は何時沈むかと心許ない。早く手を差し伸べて救って欲しいと、女に訴えているのだろう。

惟規の没する一〇一一年頃までに「やつる」という語を詠んだ歌は一〇首に満たない。そのうち一首は惟規の「荒磯の浪にやつるる葦のねの　かくれあらはれ誰かたづねし」（一三）という歌。また、紫式部の歌が四首（『源氏物語』三首・『紫式部集』一首）を占める点も興味深い。

「やすげもなき」は他に例のない表現である。形容詞「やすし」を名詞化した表現は『万葉集』に多く、それを意識した表現だろうか。「やすげ」を詠んだ歌は六首、いずれも「見渡《みわた》しに　妹《いも》らは立《た》たし　このかたに　我《われ》は立《た》ちて　思《おも》ふ空《そら》　やすけなくに　嘆《なげ》く空《そら》　やすけなくに…」（巻一三・相聞歌　三三一三・三二九九）のように、「やすけなくに」というかたちで詠まれ、恋情慕情を詠む歌が多い。また、「やすけく」という語が七例、いずれも「いまは我《わ》は死《し》なむよ我妹《わぎも》あはずして　思《おも》ひわたればやすけくもなし」（巻一二・二八八一・二八六九）のように「やすけくもなし」という形で詠まれており、六首は恋歌である。

あるいは、惟規の身辺で使われていた語だったのだろうか。『源氏物語』『紫式部日記』『枕草子』に「やすげ」の用例がある。『枕草子』の例はいずれも「やすげなり」という形容動詞である。それに対して『源氏物語』の七例中五例、そして『紫式部日記』の一例は「やすげなし」である。惟規と紫式部の関係はやはり興味深い。

をんなに

七　後拾遺 元輔哥　ちきりきなかたみにそてをしほりつゝ　すゑのまつやまなみこさしとは

【釈文】

女に

契りきなかたみに袖をしぼりつつ　末の松山波こさじとは

【通釈】

女に

約束しましたよね、お互いに涙で濡れた袖を何度も絞って。末の松山を波が越すまいと、浮気心を起こしてあなたの袖を涙で濡らすまいと。

【語釈】

○かたみに　たがいに。**○袖をしぼり**　涙に濡れた袖をしぼることをいう。**○末の松山**　陸奥国の歌枕。現在の宮城県多賀城市八幡、末松山宝国寺の裏山あたりと伝えられるが、実際位置していた場所は定かでない。「君をおきてあだし心をわが持《も》たば　すゑの松山浪もこえなむ」（『古今集』東歌・一〇九三　よみ人しらず）が有名。他の異性に心が移ることを〈末の松山を波が越す〉と詠む恋歌は多い。**〇波**　「涙」の意を掛ける。

【鑑賞】

当歌は『後拾遺集』『百人一首』にも収められた清原元輔の代表歌である。清原元輔（九〇八～九九〇）は清少納言の父。村上天皇の命により、大中臣能宣・源順・紀時文・坂上望城と共に梨壺の五人として『後撰集』の撰集と『万葉集』の訓読に従事した。小野宮家の実頼・敦敏・実資らの元に出入りし、賀の歌を多く詠んだ。河原院グループ歌人の一人であり、その歌が『惟規集』に収められていることは、惟規の歌風を端的に物語る。

「かたみに袖をしぼる」という表現は伊勢の歌の影響だろうか。元輔が没する九九〇年頃までに「かたみに」という語を詠んだ歌は約一五首。大中臣能宣・藤原仲文など、元輔と同時期に活躍した歌人の作が多いが、先達の歌は『伊勢集』の三首のみである。また、「袖をしぼる」という表現を詠んだ歌は七首あるが、そのうち三首を伊勢の詠が占める。

「波」に「涙」を掛けるのは恋歌の常套表現。「末の松山波越さじ」とは浮気心を起こすまいという意味だが、あなたを泣かせまい、あなたの袖を涙で濡らすまいという意味も込められているように思われる。ところが、そのように約束を交わした時、二人の袖は既に涙で濡れていたのである。皮肉にも、悲しい結末はその時決まっていたようである。

元輔はこの歌を「心かはりて侍《はべ》りける女《をむな》に人にかはりて」（『後拾遺集』恋四・七七〇詞書）詠んだというが、彼の没する正暦元年（九九〇）に惟規はまだ十代半ばであった。大歌人元輔に惟規が代作してもらった可能性は低い。

岡一男氏は「清原元輔の歌であるが、これは後人が彼の遺稿をまとめる際、まぎれて入つたものと思ふ。惟規の愛誦歌であつたかもしれない。」（『源氏物語の基礎的研究』）と述べられている。『惟規集』には、この他に藤原定方の歌も収められており（九）、それゆえ未精撰の家集と考えられている。しかし、『惟規集』の中に詞書を持たない歌が複数あるなかで、他人詠の二首に詞書が付されていることは注目してよいのではないか。しかもそれらは、元輔・定方の代表作とも言うべき歌である。元輔歌について更に言うと、恋歌以外の何でもないこの歌に、「女に」という分かりきった内容の詞書を、後人が敢えて付すだろうか。あるいは、惟規が備忘にと手控に記していたというのだろうか。元輔歌に付された詞書はむしろ、この歌は意識的に採録したのだという、惟規の意志表示であるように思われる。

惟規が自ら採録したと考える理由がもう一つある。歌の配列である。『惟規集』の一～三番歌は「火」を歌材とし、秘めた恋心を詠む。四～六番歌は「水」を歌材とし、女をほのかに見たり、女も無下に拒否しなかったりと、わずかながら進展した恋を詠んでいる。それに続く当歌は、女と契りを結んだことを詠んでおり、恋の展開に沿った配列となっているのである。また、前の四～六番歌とは「水」という歌材も共通している。

惟規は他人の歌を織り込みながら自らの家集を編むという、奇抜な方法を試みていたのではなかろうか。

八　下にかくいのるいのりのならさらは　わか身こもりのかみもたのまし

【釈文】

下《した》にかく祈る祈りのならざらば　我が身ごもりのかみも頼まじ

【通釈】

下宮で、このように強く祈っているこの祈りが成就しないならば、私が潔斎精進の末これから参詣する上宮のみごもりの神も、頼りには思いますまい。

【語釈】

○下　心の内。「下宮」の意を掛ける。**○かく**　このように。幣に歌を「書く」の意を響かせるか。**○みこもりの**

神　吉野水分神社のことか（【鑑賞】参照）。現在は吉野山にあるが、古くは大峰山にあった。俗に子守明神と称し、子授け・安産の神として信仰を集める。豊臣秀吉はこの地を訪れて秀頼を授かったといい、現在の社殿は秀頼によって建てられたもの。また、本居宣長も両親が水分社に祈願して授かった子だという（『菅笠日記』）。「みごもり」の「み」に「我が身」の「身」を掛ける。「身ごもり」とは社に参籠することであろう。御嶽精進といって、金峰山詣の前には他所へ移って長期の潔斎精進をした。「物忌もあり、長き精進もはじめたる人、山寺にこもれり」（『蜻蛉日記』安和二年三月）**〇かみ**　神。「上宮」の意を掛ける。幣に歌を書くことから、「紙」の意を響かせるか。「人に文《ふみ》やりたる返事に、もの書《か》かぬ紙《かみ》をおこせたれば／しるしなきかみとしるしる頼《たの》むかな　わが思ふことをなれと祈《いの》りて」（『輔親集』一五六）

【鑑賞】

「みごもりの神」は、「みごもりの神しまことの神ならば　わが片恋《かたこひ》を諸恋《もろこひ》になせ」（『古今和歌六帖』二〇二〇）と詠まれるように、片恋の苦しさを訴え、恋の成就を願う神であったらしい。平安時代になって和歌に詠まれるようになり、『古今和歌六帖』第四帖「かたこひ」の項は、一〇首中冒頭五首に「みごもりの神」を詠んだ歌を配している。また、『枕草子』「神は」の段にもその名が見える。

「みこもりの神」について、本居宣長は吉野水分《みくまり》神社が訛ったものだとする。曰く、「祈年ノ祭又月次祭ノ祝詞に、水分《ミヅクマリ》座《マス》皇神《スメカミ》等《タチ》能《ノ》白久《マヲサク》、吉野宇陀都祁葛木登《ト》御名者《ハ》白弖《マヲシテ》云々、と見えたり、さてこの水分《ミクマリ》と申すを、中昔より訛りて、みこまりみこもりなど申て、吉野のをも、六帖の歌、枕草子などにも、みこもりの神といひ、今も子守大明神と申すこれ也」（『玉勝間』）。これに対して岸上慎二氏は、片恋の祈願対象である「みこもりの神」と水を司る「水分神」とは神格が適合しないこと、平安時代に「水分神」を「みこもりの神」と発音した文献が見当たらないことから両者は同一神ではなく、「みこもりの神」は、恋歌に詠まれる「水隠る」という語や神話に屡々見られる「独神成座而隠身也」といった表現を背景として、和歌贈答の習慣の中で培われた造語であると論じられている（『枕草子の神はの段の

「みこもりの神」について」）。また、萩谷朴氏は、『枕草子』「神は」の段に挙げられている神社が奉幣勅祭や行幸のある社格の高い式内社であること、春日社以外は全て平安京近郊の神社の祭神であることから、貴布禰神社ではないかと推察されている（『枕草子解環　五』）。

「水隠る」を背景とする語であれば、水を題材に詠んだ歌がありそうなものだが、それが全くない。また、貴布禰神社の異名であれば、貴布禰参詣時に詠まれた歌の中に用例がありそうなものだが、これも見当たらない。私としては、本居宣長の説が最も穏当かと思う。平安中期、金峰山信仰は大変盛んであった。藤原道長も三度計画し、寛弘四年に実現させている。『御堂関白記』によれば、寛弘四年の閏五月から精進をはじめ、八月二日に出発。途中、石清水八幡宮・大安寺・井外堂・軽寺・壺阪寺・現光寺などに寄って御明を掲げ諷誦を行い、一〇日に大峰山の「御在所」（蔵王権現堂か）に到着した。翌一一日は結願の日。沐浴して最初に参拝したのが「小守三所」である。その後「御在所」で経供養・埋経供養を行った。その年の一二月、入内して八年になる彰子に懐妊の兆しが見え、翌五年に敦実親王が誕生した。『栄華物語』によれば道長は懐妊を「御嶽のしるしにや」といって喜び、「御嶽にも、今は平らかにとのみ御祈り、御願」を立てたという（「はつはな」）。道長の金峰山詣の目的の一つが、彰子の皇子出生祈願であったことが察せられる。その祈願をしたのが「小守」、すなわち水分神社であったと考えられるのである。恋愛成就と子授けとは、男女の円満な関係を願うという点で通じている。そこから、恋愛成就も祈願されるようになったのではなかろうか。

神社に参詣する際は、下・中・上各社に参り、祈願成就を訴える歌を奉納する習慣があったらしい。

稲荷《いなり》に、歌《うた》よみてたてまつると聞《き》きて
下《しも》の社《やしろ》に
いなりのやみつの玉垣《たまがき》うちたたき　わがねぎ事を神もこたへよ

中《なか》の社

いなり山みつすぎなかにますかがみ　わがことだてて頼《たの》むかひあれ

上《かみ》の社《やしろ》に

思ふ事ならざらめやはちはやぶる　神のみまへのみくまぐさなり

（『恵慶法師集』五八～六〇）

賀茂《かも》にまうでて、下《しも》の御社《みやしろ》にて

かみやまのははそのもみぢいちしるく　わが思《おも》ふことを照《て》らすなるべし

上《かみ》の社《やしろ》にて

いさぎよき御手洗川《みたらしがは》のそこふかく　心《こころ》を汲《く》みてかみはしらなむ

（『大弐高遠集』四二・四三）

九月になりて、「世の中をかしからん。ものへ詣でせばや。かうものはかなき身のうへも申さむ」などさだめて、いとしのびある所にものしたり。一はさみの幣帛《みてぐら》にかう書きつけたりけり。まづ下の御社に、

いちしるき山ぐちならばこゝながら神のけしきを見《み》せよとぞおもふ

中のに、

いなりやまおほくのとしぞこえにける祈《いの》るしるしのすぎを頼《たの》みて

はてのに、

神がみとのぼりくだりはわぶれど《ん》もまださかゆかぬこゝちこそすれ

（『蜻蛉日記』）

道綱母が中社で詠んだ歌には、当歌と同じく「祈る」・「頼む」という語が詠まれている。同様の例は他にも散見され、「祈る」・「頼む」は一対の表現として定着していたらしい。当歌は「神も頼まじ」と詠んでいるが、「も」に着目

すると、「した・祈る」と「かみ・頼む」を対置させた構造が見えてくる。この対置された「かみ」・「しも」とは、「上社」・「下社」のことではなかろうか。道綱母の下社の歌も「神」に上社の意を掛け、「山口」(下社)と対置させている。また、歌を奉納することにちなみ、「かみ」には「紙」も響かせ、「下にかく」には「書く」を響かせていよう。これらの掛詞は、社に足を運び参拝する惟規の姿を想起させる。

金峰山所在の式内社は、吉野水分神社・吉野山口神社・金峰神社の三社。鎌倉末期成立の『金峰山創草記』は、子守明神を「上宮」、山口神社の後身勝手大明神を「下宮」と称している。惟規は金峰山詣の途次、山口神社に参拝して当歌を奉納したのではなかろうか。

しかし、金峰山信仰が盛んで惟規も参拝したといっても、皆がやすやすと参詣できたわけではない。第一に、女人禁制であった。第二に、事前の長期潔斎を要した。途中で穢れや凶事に遭った場合は潔斎を最初からやり直さねばならない。第三に、参詣そのものも一〇日以上の日数を要した。また、急峻な山道を登ることは言うまでもない。参詣には強い意志・固い決心が要るのである。――都から思いをはせるだけの人も多かっただろう。実際、金峰山詣の記録は他社の記録に比べて極めて少ない。

「みこもりの神」を詠んだ歌がいずれも心情直叙にとどまり、社の景色や自らの動作等の具体性を欠くのは、参詣し得なかったためではないか。一方、上社・下社を対置させ、「我が身こもり」と詠む惟規の歌は、実際に参詣していることを窺わせる。それほど、この恋に懸ける思いは強いのだ。

七月七日に

九　あきならてあふことかたきをみなへし　あまのかはらにをひぬものゆゑ

【釈文】

七月七日に

あきならで逢ふことかたき女郎花　天の川原に生ひぬものゆゑ

【通釈】

七月七日に

秋でなくては逢うことが難しい女郎花よ、天の川の川原に生えているわけでもないのに。

【語釈】

○女郎花　秋の七草のひとつ。秋の景物、また女性の比喩として多く詠まれる。「織女に似《に》たるものかな女郎花　秋よりほかにあふ時もなし」（『後撰集』秋中・三四四　凡河内躬恒）**○ものゆゑ**　逆接条件（…のに）にも、順接条件（…のだから）にも用いられる。平安時代は逆接の意で用いられることが多い。

【鑑賞】

当歌は藤原定方の歌。七番歌の元輔歌と共に、後人が惟規の遺稿をまとめる際に紛れ込んだものと考えられている。しかし、『惟規集』には詞書のない歌が複数ある中で、他人詠の歌二首に詞書が付されている点は注目してよい。これらの詞書は、惟規が他人詠の歌を意図的に採録したことを物語っているように思われる（七番歌【鑑賞】参照）。

定方の歌を『古今集』では女郎花歌群に収め（秋上・二三二）、『古今和歌六帖』も「をみなへし」の項に収めている（三六六二）。定方の家集『三条右大臣集』（二／初句を「秋にして」とする）は「寛平のみかどの、朱雀院にて女郎花あはせさせ給ひける時、よみたまへりける」と、『亭子院女郎花合』の折の作として収める（ただし実際の『女郎花合』の中に定方歌は見えないから、家集の編纂者が『古今集』二三〇番歌の詞書「朱雀院の女郎花合《をみなへしあはせ》に詠《よ》みて奉《たてまつ》りける」を、次の定方歌にも掛かると考えて記したのだろう）。一方、『惟規集』は「七月七日に」という詞書を付し、この歌が七夕歌や恋歌であるかのような趣である。後人がこの歌を読み、「七月七日」の七夕歌・恋歌と解釈することは考えられるのだろうか。

牽牛の心情を詠んだ歌と仮定すると、七夕当日、牽牛は天の川に行かずに花を眺めて過ごしていることになってしまう。では惟規自身の恋歌であったかと考えても、秋にしか女に逢えないという状況は想像しがたいだろう。そうした特殊な状況を後人が敢えて想定するとは思えず、もし想定したのであれば、その状況を詞書で説明するであろう。歌の表現を素直にたどれば、その主題が女郎花であること明らかで、『古今集』等の分類が示す通りである。また、「天の川」の語が詠み込まれているとは言え、七月七日の詠歌と判断する要素も見出しえない。「七月七日に」という詞書を後人が付したとは考え難いのである。

一方、詞書を惟規自身が付したとすると、その状況は容易に想像される。

七月七日。恋人達のための夜ともいうべき今宵も、惟規は女に逢えそうもない。つれづれとした思いで庭を逍遥していると女郎花がふと目にとまり、定方歌の「逢ふことかたき」という一節が頭に浮かんだ。そこで惟規は女郎花を手折り、定方歌を認めた文を付けて女に贈ったのである。「秋ならで」は二人の状況に合致しないけれども、惟規が定方歌に託した想いは、女によく伝わったはずである。

この歌の詞書もまた、惟規自ら定方歌を採録したことを物語っているように思われる。

歌の作者藤原定方（八七三～九三二）は、贈太政大臣藤原高藤の二男。『寛平御時菊合』『亭子院歌合』等に出詠し、勅撰集は『古今集』以下に一九首入集する歌人である。惟規の曾祖父兼輔は従兄弟に当たる。二人は歌人同士としても親交が深く、彼らを中心として古今集歌人達のサロンが形成された。また、兼輔は定方女を妻として雅正を儲け、雅正も定方女を妻として惟規の父為時らを儲けた。惟規には縁の深い人物である。惟規には兼輔・為頼・為信ら親族の作歌を意識した歌が散見されるが、当歌もそのような惟規の作風を物語っていよう。

さすかなるおんなに

一〇　とにかくにかけてないひそしかりとて　ならぬものゆゑ我たのめなり

【釈文】

さすがなる女に

とにかくにかけてな言ひそしかりとて　ならぬものゆゑ我頼めなり

【通釈】

思わせぶりなことを言っても逢ってくれない女に

あれこれと決して口に出して言わないでください。そのように色々とおっしゃっても逢ってくれないのだから、私に当てにならない期待をさせているというものだ。いや、逢ってはくれないと分かっているのに、私が自分に都合よく考えて期待してしまっているのだ。

【語釈】

○さすがなる女　「さすがなり」は、「そうはいうものの」の意。ここでは思わせぶりなことを言っても実際は逢ってくれないことを指している。「あだなりける人の、さすがに頼《たの》めつつつれなくのみありければ、恨《うら》みて詠《よ》める」（『猿丸集』三詞書）・「こよひ逢《あ》はむといひて、さすがに逢《あ》はざりければ」（『清少納言集』三〇詞書）。**○かけて**　副詞「かけて（決して）」と動詞「掛く（口に出して言う）」を掛ける。**○な言ひそ**　言わないで下さい。「な…そ」は呼応した形で禁止を表す。**○しかりとて**　そうであるからといって。「しかりとてそむかれなくに事しあれば　まづなげかれぬあな憂《う》世中」（『古今集』雑下・九三六　小野篁）・「かげ見しは天《あま》つ星《ほし》なりしかりとて　しづむもくづを照《て》らすとはなし」（『長能集』一八）。**○ものゆゑ**　逆接条件（…のに）にも順接条件（…のだから）にも用いる。**○頼め**　下二段動詞「頼む」を名詞化したもの。頼みに思わせること。当てにさせること。

【鑑賞】

惟規が没する一〇一一年頃までに「とにかくに」と詠んだ歌は僅かに三首。「とにかくに物はおもはず飛驒匠《ひだたくみ》 うつ墨縄《すみなは》のただひとすぢに」（『拾遺集』恋五・九九〇 柿本人麻呂／『万葉集』二六五六・二六四八番歌の異伝）、「とにかくにいまさらさらにいはしみづ はや定《さだ》めてよ右は勝《まさ》ると」（『謎歌合』八 曾禰好忠）、そして惟規の「霜枯《しもが》れのかやが下《した》折《を》れとにかくに 思《おも》ひ乱《みだ》れてすぐすころかな」（『後拾遺集』恋三・七二九）である。また、「かけてないひそ」と詠む歌は「我《わ》が聞《き》きにかけてな言《い》ひそかりこもの 乱《みだ》れて思《おも》ふきみが直香《ただか》ぞ」（『万葉集』巻四・七〇〇・六九七 大伴像見）――私の耳に入ってくるように言わないで下さい。心乱れて恋い慕うあなたなのですよ。――のみである。当歌にも好忠や『万葉集』の影響が見て取れる。

歌の発想は「けふのうちにいなともうとも言《い》ひはてよ 人だのめなることなせられそ」（『信明集』七三）によっているのだろう。この歌に詠まれた「人だのめなり」は、当てにならない期待をさせる相手を難じる常套表現。「さすがなる」女に「とにかくにかけてな言ひそ」と訴える惟規にも、女の振舞いを咎めたい気持ちがある。それにも拘らず、「人頼めなり」をそのまま用いず「我頼めなり」と改めたのは、別の思いもあるからであろう。

「しかりとて」は「然」の字を漢文調に読んだ表現だが、同字を和文調に読んだ「さりとて」を詠み込んだ歌もある。「恋すればわが身は影と成りにけり さりとて人に添《そ》はぬものゆゑ」（『古今集』恋一・五二八 よみ人しらず）・「遥なる程にもかよふ心かな さりとて人の知《し》らぬものゆゑ」（『拾遺集』恋四・九〇八 伊勢）の二首で、「…ぬものゆゑ」と続けて詠む点が当歌と通じている。惟規は「さりとて…ぬものゆゑ」という表現を漢文調に詠み換えたのだと思われる。「さりとて…」の二首はいずれも、無益だと知りながらも募る恋心を詠んだ歌である。その余韻を含んだ「しかりとて…ものゆゑ」が「我頼めなり」に掛かっていく。

逢ってはくれないと分かっていても、女の素振りの中に期待できる節はないかと探してしまう。そして、女も実は自分のことを好いているのではないかと思ってしまう。そのような儚いうぬぼれを抱かせる自分自身をも戒めようとして、惟規は「我頼めなり」と詠んだのではなかろうか。惟規は恋の熱にうかされる一方で、そうした自分の心を冷静に見つめている。

ところで、『源氏物語』帚木巻に「いとかくうき身のほどの定まらぬ、ありしながらの身にて、かゝる御心ばへを見ましかば、あるまじきわが頼みにて、見なを《（ほ）》し給ふ後瀬をも思ひ給へ慰めましを」というくだりがある。独身の頃に光源氏に逢っていたならという、空蝉のはかないうぬぼれである。興味深いのは傍線部の表記である。青表紙本・河内本など多くの写本は「わがたのみにて」としているが、別本陽明文庫本は「我たのみにて」とし、「われだのみ」と読むことができる。「われだのみ」の用例は珍しいのである。帚木巻の「我頼み」と惟規の「我頼め」とに繋がりが感じられて仕方がない。

　　しもはけしきあしたに

二一　思ひやれつらくひまなきはらのいけに　つかはぬをしのよはのうきねを

【釈文】

　霜はげしきあしたに

思ひやれつらくひまなきはらの池に　つがはぬ鴛鴦の夜半のうき寝を

【通釈】

霜がひどくおりた朝に

思いやってください。氷が隙間無く張りつめたはらの池に、夜中、伴侶のいない鴛鴦が浮き寝をしていることを。氷のように少しもうち解けず冷淡なあなたの態度に、辛さで胸がいっぱいになって、夜中に心憂く一人寝ている私のことを。

【語釈】

○あした　夜が明けてからしばらくの間。**○思ひやれ**　「思ひやる」は思いをはせる、おしはかって同情するの意。**○つらく**　①心苦しい、つらい。②薄情だ、冷淡だ。「つらら（平に張った氷）」の意を掛ける。「つらら」は定数歌作者が好んだ歌材の一つ。氷は、月や水鳥と取り合わせ、また、うちとけぬ相手の比喩として詠むことが多い。**○ひまなき**　隙間がない、絶え間がない。**○はらの池**　上野国の風俗歌に「鴛鴦《をし》　鷉《たかべ》　鴨さへ来居る　蕃良《はら》の池の　や　玉藻はま根な刈りそ　や　生ひも継ぐがに」と詠われており、『枕草子』にも「はらの池は、『玉藻はなかりそ』といひたるもお《(を)》かしうおぼゆ」（「池は」）とある。武蔵国幡羅《はら》郡（現在の埼玉県深谷市周辺）にあったか。幡羅郡は利根川を隔てて上野国に接する。**○鴛鴦**　雄雌常に離れることなく仲むつまじい鳥で、古来和歌の題材となっている。春夏は山奥に住み、秋になると平地に出て来るので、和歌では冬の鳥として詠まれる。霜が置き水が凍るほど寒い夜中、水に浮き寝をする鴛鴦に感情移入して詠んだ歌が多い。「しもこほりこころもとけぬ冬の池《いけ》に　夜《よ》ふけてぞ鳴くをしのひと声」（『元真集』一六四）など、定数歌作者が好んだ歌材の一つ。**○うき寝**　「浮き寝」に「憂き寝」を掛ける。

【鑑賞】

鴛鴦を詠んだ歌は多いが、惟規が直接参考にしたのは次の贈答歌だろう。

美濃守頼光《みののかみよりみつ》、妻《め》なくなりてのころ、霜《しも》のいみじう白《しろ》き朝《あした》に

このごろの夜半《よは》のねざめを思《おも》ひやる　いかなるをしか霜《しも》はらふらん

返し

冬の夜の霜《しも》うちはらひなくことは　つがはぬをしのわざにぞありける

（『小大君集』二〇・二一）

当歌は『続詞花集』（恋中・五八三）に第二句を「つららひまなき」として収められている。第二句は「はらの池」を修飾しているから、『続詞花集』の本文が示すとおり「つらし」には「つらら」が掛けられていよう。「つらら」と「つらし」を掛けた歌には「うちとけぬけしきを見れば冬草《ふゆくさ》の　うへのつららに見えわたるかな」（『大弐高遠集』三六七）・「冬くればつららに見《み》ゆるいし山の　こほりはかたきものと知《し》らなん」（『重之集』二九〇）・「うらむる女、扇《あふぎ》をとり侍りて返して、正月一日／春立《はるた》てばあふぎの風《かぜ》もかはりけり　いまはつららもあらじとぞ思ふ」（『為信集』一〇三）などがある。いずれも恋人の冷淡な態度の喩として詠まれている。

「つらし」には〈冷淡だ〉の意の他、その冷淡な態度を〈耐え難く思う〉の意がある。「つらくひまなきはらのいけ」は、うち解けた素振りを微塵も見せぬ女の冷淡な態度の喩であるとともに、女のつれなさに耐え難い思いでいる惟規の心中をも表していると思われる。というのも、「ひまなし」は「うらみつの浜《はま》に生《お》ふてふ葦《あし》しげみ　ひまなくものを思《おも》ふころかな」（『斎宮女御集』一二四）・「つらしとも又恋しともさまざまに　思《おも》ふことこそひまなかりけれ」（『和泉式部日記』三九　敦道親王）などのように、恋しさや悲しさに満たされた心を詠む場合が少なくないからである。

そして「つらくひまなき」が修飾する「はらの池」には、〈心中〉〈思い〉の意の「腹」が掛けられているように思われる。同趣の掛詞は「風《かぜ》はただ思《おも》はぬかたに吹《ふ》きしかど　わたのはらたつ波もなかりき」（『赤染衛門集』三八三）・「恨《うら》むるにかひはなけれどわたのはら　つらしと思《おも》ふ心ふかしも」（『千穎集』六六）等、他の歌にも詠まれている。

腹の内を侘びしさで満たした惟規は、一晩中氷に腹を接して過ごす鴛鴦として表現されている。鴛鴦の身体感覚へと連想を繋げることで、その侘びしさ、耐え難さを巧みに表現している。

ところで、「はらの池」は上野国風俗歌を踏まえた表現だが、これとよく似た「みはらの池」の用例との関係が注目される。

「みはらの池」について、『松葉名所和歌集』『類字名所外集』等は摂津国の「三原池」としているが、南波浩氏は、「み」は美称で「はらの池」と同一の池と考えられている（『紫式部集全評釈』）。

鴛鴦《をし》鸊鴨《たかべ》さへ来居る蕃良《はら》の池の　や　玉藻はま根な刈りそ　や　生ひも継ぐがに　（上野国風俗歌）

はらのいけに生ふる玉藻《たまも》のかりそめに　きみを我がおもふ物ならなくに　（『古今和歌六帖』一六七三）

こほりするみはらの池《いけ》の池堤《づつみ》　おほはぬ箱《はこ》の鏡《かがみ》とぞおもふ　（『好忠集』三四八）

今《いま》はものも聞《き》こえじと腹立《はらだ》ちたれば、笑《わら》ひて、かへし

言《い》ひ絶《た》えばさこそは絶《た》えめなにかその　みはらの池《いけ》をつつみしもせん　（紫式部）

夜中ばかりに、又

たけからぬ人かずなみはわきかへり　みはらの池《いけ》にたてどかひなし　（藤原宣孝）　（『紫式部集』三四・三五）

思ひやれつらくひまなきはらの池に　つがはぬ鴛鴦の夜半のうき寝を　（『惟規集』十一）

むばたまの夜《よ》を経《へ》てこほるはらの池《いけ》は　春《はる》とともにや波《なみ》も立《た》つべき　（『後拾遺集』冬・四二二　藤原孝善）

はらの池の汀はつららゐにけらし　みなとをさしてつどふあぢむら　（『長方集』一一六）

はらの池の葦間《あしま》にやどる月影は　別《わか》れし秋のかたみなりけり　（『散木奇歌集』第四・冬十二月・六三六）

けふよりはみはらの池につららゐて　あぢのむら鳥ひま求《もと》むらん　（『散木奇歌集』第四・冬十二月・六五一）

南氏はこれらの用例をあげ、「はらの池」「みはらの池」を詠んだ歌には水鳥・玉藻・氷という景物が重なり合うかたちで詠み込まれており、また、『散木奇歌集』は同じ題詠の中に「はらの池」と「みはらの池」とをあげていることから、同一の地と考えるのが妥当だと述べられている。傾聴すべき指摘である。

用例を細かく見てみると、惟規より前の例では「はらの池」の景物として詠まれているのは水鳥・玉藻だけで、氷は含まれていない。氷の初出は「みはらの池」を詠んだ好忠の作である。惟規は上野風俗歌と好忠歌とを取り合わせて詠んだと考えられる。ちなみに、「みはらの池」を詠んだ紫式部歌と好忠歌は「堤」を詠む点が通じており、紫式部も弟と同様、好忠歌に影響を受けたと考えられる。そして、紫式部歌と惟規歌は「腹」を掛ける点が通じている。姉弟の作歌活動がどのような環境で行われていたのか、興味をそそられる。

当歌との影響関係を窺わせる歌には他に、「思ひやれ雪解《ゆきげ》の垂氷《たるひ》ひまもなくかつがつぞきく（「数々注ぐ」カ）やどのつららを」（『相模集』四八二）がある。作者相模は寛弘から康平にかけて活躍した歌人で、出生は正暦年間（九九〇〜九九五）と推測されている。相模が惟規の歌を参考にしたと考えるのが妥当だろう。相模の父は不詳、母は慶滋保章女である。父親不在の相模は、母方の慶滋氏との結びつきが強かったようで、大江公資との結婚には、公資と職掌上近い関係にあった叔父慶滋為政が関わっていたらしい。母方の祖父保章は慶滋保胤の弟である。保胤が主宰する勧学会の結衆の一人で、安法法師との交流もあった。相模にとって河原院文化圏は身近な環境であり、彼女の「湯走権現百首」は端的にそのことを示している。相模には他にも惟規の歌（二三・二六・補一番歌）を参考にしたと思われる作がある。相模にとって惟規は、河原院文化圏の先輩歌人だったのではなかろうか。

おなしころ

一二　いかにしていかにいふきのさしもくさ　したにこかるゝことをかたらむ

【釈文】

同じころ

いかにしていかにいぶきのさしも草　下に焦がるることを語らむ

【通釈】

同じころ

伊吹山のさしも草のように心の中で恋い焦がれておりますが、どのようにしてそのことを言えばよいのでしょう。伊吹山は「言う」という名を持っていますが、私は言いかねています。

【語釈】

○いぶき　伊吹山。近江国・美濃国の歌枕。古来薬草の産地として名高く、殊にさしも草は有名で、共に詠み込むことが多い。「人も又かくやいぶきのさしも草と　おもふ思ひの身はこがしけり」（『和泉式部続集』六四三）のように「言ふ」を掛けて詠まれる。**○さしも草**　ヨモギの異名。葉を干して綿状にした「もぐさ」は灸に用いる。そのため「燃ゆ」「焼く」「火」などと共に詠まれることが多い。**○焦がるる**　思い焦がれる。「さしも草」の縁語。**○下**　心の中、心の奥の意。

【鑑賞】

第一句を「いかにして」と詠む歌には、「如何してかく思ふてふ事をだに　人づてならで君にかたらん」（『後撰集』恋五・九六一　藤原敦忠）・「いかにして事かたらはん郭公　歎のしたになけばかひなし」（『後撰集』恋六・一〇二〇　よみ人しらず）・「いかにしていかにうちいでむかかりとは　なべてのことになりぬべきかな」（『道信集』三七）がある。いずれも、心の内に秘めた恋をどう打ち明けたらよいかと思案する心情を詠んでおり、定型化した表現だったらしい。

惟規が没する一〇一一年頃までに伊吹山を詠んだ歌は約一五首。その中の「かくとだにえやは伊吹《いぶき》のさしも草《ぐさ》　さしも知《し》らじなもゆるおもひを」（『実方集』一二二）は、『百人一首』にも選ばれた実方の代表作である。また、実方には「女わづらひて、久《ひさ》しくわづらひて、参《まゐ》らざりしかば、はしを見《み》よとて／こひしともえやは伊吹《いぶき》のさしも草《ぐさ》　よそにもゆれどかひなかりけり」（『実方集』二五二）という歌もある。「伊吹のさしも草」と詠む歌は他に、「人も又かくやいぶきのさしも草と　おもふ思ひの身はこがしけり」（『和泉式部続集』六四三）のみであり、惟規は実方の歌を参考にしたと考えてよい。実方の歌は、最初にあげた『百人一首』の歌の方がよく知られているけれども、後にあげた歌は、恋人が長く患った折に詠んだという作歌状況と合致して、薬草の「さしも草」が歌の中でよく活きている。ちなみに実方には他にも、お灸を題材にした「おなじ人わろきここち病《や》みて、薬師《くすし》のいかにとかやしたるを聞《き》きて／いかなれば我がしめし野とおもへども　はるのはらをば人のやくらむ」（『実方集』八八）という歌がある。

さて惟規の歌だが、当歌の「同じころ」という詞書は、前の一一番歌と一連の作であることを示す。鴛鴦は氷が張りつめた池で一晩中、体を温め合う伴侶もなく寝ていたのであった。ここでは、その腹にさしも草のお灸を据えているのではなかろうか。惟規、風邪でもひいてしまったのだろうか。

藤原実方は左大臣師尹の孫、侍従貞時の子。花山院サークルの歌人として活躍し、勅撰集には『拾遺集』以下に六七首入集。舞もよくし、風流人として評判の人物であった。その風狂ぶりを『撰集抄』は次のように伝えている。花見に出掛けた先で俄雨に遭った実方は、どうせ雨に濡れるのであれば桜の木の下で濡れようと歌を詠み、その通り雨滴したたり落ちる桜の木の下に佇み、ずぶ濡れになったというのである。この話を聞いた藤原行成は、実方を痴れ者だと評したという。

惟規も、歌枕「木の丸殿」の由来を聞くためにわざと斎院に閉じ込められたり、死の間際になっても風雅への執着を示して引導の僧を呆れさせたりした風狂の人であった（『今昔物語』・『俊頼髄脳』）。惟規は実方から、歌とともに生き方をも学んでいたように思われる。

【釈文】

一三　あらいその浪にやつるゝあしのねの　かくれあらはれたれかたつねし

【通釈】

荒磯の浪にやつるる葦の根の　かくれあらはれ誰かたづねし

荒磯に打ち寄せる波に揉まれ、みすぼらしくなった葦の根のように、様々な障害に遭い、激しく思い乱れて涙を流し、憔悴してしまいました。それでも、這い伸びていく葦の根が波のあいだに見え隠れするように、露見することがあっても足繁く、誰があなたのもとを訪ねたのでしょうか。他でもない、この私ですよ。

【語釈】

○荒磯　荒涼とした、岩石の多い海岸などの水辺。「波」と共に詠まれることが多い。**○浪**　「涙」の意を響かせる。**○やつるる**　やせ衰える、みすぼらしくなる。**○葦**　水辺や湿地に群生するイネ科の植物。摂津国の難波が名所として名高かった。「根」「流る」（「音」「泣かる」を掛ける）を併せて詠む歌は多いが、「波」と共に詠む例は珍しい。**○かくれ**　「隠れ」と「（波が）掛く」を掛ける。**○あらはれ**　「顕はれ」と「洗はれ」を掛ける。

【鑑賞】

「荒磯」に打ち寄せる波は「岬廻《みさきみ》の荒磯《ありそ》に寄《よ》する五百重波《いほへなみ》　立《た》ちても居《ゐ》ても我《あ》が思《おも》へる君《きみ》」（『万葉集』巻四・五七一・五六八）のように、『万葉集』から激しい恋情の比喩として詠まれる。また、荒波は恋の障害として詠まれる。例えば「荒磯《ありそ》こすなみは恐《かしこ》ししかすがに　海《うみ》の玉藻《たまも》の憎《にく》くはあらずて」（『万葉集』巻七・一四〇一・一三九七）は、親の監視を波に喩えた歌である。
「荒磯」は「ありそ」とも読むが、三代集や『古今和歌六帖』では万葉集歌に「あらいそ」の読みを当てており、その他の歌は「ありそ」を用いる傾向が認められる。「あらいそ」は万葉調の表現と認識されていたらしい。その「あらいそ」の用例は、私家集では『兼盛集』『能宣集』『重之集』『好忠集』に認められ、河原院グループの歌人が好んで用いたことが窺われる。惟規らしい語彙選択である。中でも「あらいそのなみまに生《お》ふる玉藻《たまも》だに　わがごとものは思《おも》ひ乱《みだ》れじ」（『能宣集』三〇四）は傍線部の表現が当歌と一致しており、恋に煩悶するさまを詠む点も通じている。惟規はこの歌を引いたのだろう。

　葦・菖蒲・松等の植物の「根」は、「葦根《あしね》はふうきは上《うへ》こそつれなけれ　下《した》はえならず思ふ心を」（『拾遺集』恋四・八九三　よみ人しらず）のように忍ぶ恋の比喩として詠まれる。そして、泥の中を這うようにして伸びる葦の根は「なにはめにつのぐみわたる葦《あし》の根《ね》は　ねはひたづねてよを頼《たの》むかな」（『重之集』四四）・「深くのみ思ふ心は葦《あし》の根《ね》のわけても人に逢《あ》はんとぞ思ふ」（『後撰集』恋二・六八〇　敦慶親王）のように、女のもとに通う男の比喩となり、根が水に洗われて顕わになるさまは「父母《ちちはは》侍りける人の女《むすめ》に忍《しの》びて通《かよ》ひ侍りけるを、聞《き》きつけて勘事《かうじ》せられ侍りけるを、月日へて隠《かく》れわたりけれど、雨降《ふ》りてえまかり出《い》で侍らでこもりゐて侍りけるを、父母《ちちはは》聞《き》きつけていかがはせむとて、ゆるすよし言《い》ひて侍りければ／下《した》にのみはひ渡りつるあしのねの　うれしき雨にあらはるるかな」（『後撰集』雑三・一二三四　よみ人しらず）のように、恋が露見することの比喩となる。

　さて、葦の景勝地難波の海辺は風の穏やかな「潟」や「堀江」である。葦と荒波の取り合わせは珍しいのだが、先例がないわけではない。

　物に籠《こ》もりたるに、知《し》りたる人の局《つぼね》ならべて正月おこなひて出《い》づる暁に、いと汚《きたな》げなる下沓《したうづ》を落《お》としたりけるを、取《と》りてつかはすとて

あしのうらのいと汚《きたな》くも見ゆるかな　浪はよりてもあらはざりけり　（『後撰集』雑四・一二六二　よみ人しらず）

侍《さぶ》らふ蔵《くら》人のなかに足音《あしおと》いとたかきありけり、人の参《まゐ》りたる時《とき》もほとほと踏《ふ》みならして、さいなまるれどなほやまず踏《ふ》みならして歩《あり》けば、宰相《さいさう》

しらなみのさわがるれども津《つ》の国《くに》の　なほあしおとはやまずぞありける

進　（『大斎院前の御集』三一五）

津《つ》の国《くに》もなにはわたりのあしおとの　重《おも》きはなみのうへにやあるらむ

馬

津《つ》の国《くに》のあしのうら風はげしくて　なにはまさらじなみ高《たか》きおと　（『大斎院前の御集』二〇六・二〇七）

これらの歌はいずれも「葦」に「足」を掛けている。『大斎院前の御集』の三首（もともと右に挙げた順に並ぶ一連の作であったと考えられている）は、足音高く踏み鳴らす女蔵人について、女房達が『後撰集』の歌を踏まえて揶揄した歌。名高い難波の葦の葉ずれの音にも勝り、波の音にも勝る、なみなみならぬ足音だというのである。当歌の「葦の根」も、女のもとに通う惟規の喩であるから、その惟規の「足」の意を掛けているように思う。

　惟規が大斎院サロンの詠歌を意識していたのであれば、歌を贈った相手はおそらく斎院中将だろう。そう考えると、面白いことが見えてくる。惟規は六番歌でも「波にやつるる」と詠んでいるが、四〜六番歌はいずれも水に寄せて詠んだ恋歌であり、一連の作と思われる。そしてその冒頭、四番歌の詞書には「賀茂にてある女に」とあるから、この連作は斎院中将に贈ったものと考えられる。つまり惟規は、かつて斎院中将に贈った歌（六）を自ら引用して当歌を詠み、それを再び斎院中将に贈ったということになる。結びの「誰かたづねし」という問いかけには、〈他でもない

この私だ〉という思いが込められている。惟規は斎院中将に、かつて贈った歌を思い出してもらい、これまで自分がどれほど身も心も砕いてきたか思い出して欲しかったのだろう。

一四　たひねしてとほちのさとのくるしさに　またきそきつるみわのとやまを

いせ《はカ》よりかへりて

【本文整定】

一〇一一年頃までに「十市」を詠み込んだ歌は一〇首に満たない。藤原伊尹の「暮《く》ればとくゆきて語《かた》らん逢《あ》ふことの　とほちの里《さと》の住《す》みうかりしを」（『一条摂政御集』三八／『拾遺集』雑賀・一二九七）は、当歌と同じく恋人に逢えない旅先でのもどかしさを詠む。『拾遺集』の詞書には「春日使にまかりて、かへりてすなはち女のもとにつかはしける」とあり、三輪山から帰った折に詠む点も通じている。また、「女長谷《はせ》に詣《まう》でて返り侍るところに…／ここながら袖《そで》ぞつゆけき草枕《くさまくら》　とをちのさとの旅寝《たびね》と思《おも》へば」（『実方集』二五七）は、「旅寝」を共に詠む点、当歌と共通している。惟規はこれらの歌を参考にして詠んだのだろう。また、「初瀬《はつせ》の道《みち》にて三輪《みわ》の山を見侍りて／みわの山しるしのすぎは有りながら　教《をし》へし人はなくて幾世《いくよ》ぞ」（『拾遺集』雑上・四八六　清原元輔）という歌もある。当歌の詞書も傍書に従って「はせよりかへりて」と考えるのが適当であろう。

【釈文】

長谷より帰りて

旅寝してとほちの里のくるしさに　またぎぞ来つる三輪の外山を

【通釈】

長谷から帰って

旅寝をして十市の里におりましたが、その名の通りあなたから遠く離れている苦しさのために、「恋しくはとぶらひきませ杉立てる門」と詠まれた三輪の外山を、それとは逆に急いで通り過ぎて来てしまいました。

【語釈】

〇長谷　現在の奈良県桜井市初瀬町の一帯。泊瀬山、巻向山・三輪山、天神山・鳥見山によって三方を囲まれている。この地にある長谷寺は、平安時代に多くの参詣者を集めた。長谷寺へは椿市（現在の桜井市金屋の市場）を通って行ったことが『枕草子』『源氏物語』から窺える。**〇とほち**　十市。大和国の歌枕。現在の奈良県磯城郡田原本町南部・橿原市東北部・桜井市南半部を占めた。「遠路」あるいは「遠地」を掛け、離れていて逢えない意を含意させることが多い。**〇くるしさ**　惟規の万葉好みが窺われる表現。「あしひきの山《やま》をこだかみ夕月《ゆふづき》を　いつかと君《きみ》を待《ま》つがくるしさ」（『万葉集』巻一二・三〇二二・三〇〇八）のように、『万葉集』の時代から恋歌に詠まれることが多い。**〇またき**　副詞「まだき（まだその時期でないのに）」とも動詞「またぐ（心がはやる）」の連用形とも読み得る。副詞「まだき」は、「かねてより風にさきだつ浪なれや　逢ふ事なきにまだき立つらむ」（『古今集』恋三・六二七　よみ人しらず）・「露わけし袂《たもと》ほす間《ま》もなきものを　など秋風のまだき吹《ふ》くらん」（『後撰集』秋上・二二二　大江千里）等、勅撰集では「名（噂）」や「秋（飽）」と共に詠んだ恋歌が並んでおり、そのような詠み方がある程度固定化していたらしい。一方の動詞「またぐ」の用例は五首ほどと少ないが、そのうち「七月六日たなばたの心をよみける／いつしかとまたく心を脛《はぎ》にあげて　天《あま》の川原《かはら》をけふやわたらむ」（『古今集』雑体・一〇一四　藤原兼輔）・「よさのうみの風にまたけるつり舟も　かくなげかしきをりはあらじな」（『重之女集』七四）は、恋人に早く逢いに行きたいとはやる心情を詠んでおり、当歌の「またき」も動詞「またぐ」と解するのが良いように思われる。しかし、『好忠集』に「まだき」の用例が五首（このうち二首は順百首）と多い点も見過ごし難く、「まだき」も響かせているように思われる。**〇三輪**　大和国の歌枕。現在の奈良県桜井市の東北部。平安時代以降、三輪山が詠歌対象として注目を集めるのは「わが庵《いほ》は三輪《みわ》の山もとこひしく

は　とぶらひきませ杉《すぎ》たてる門《かど》」（『古今集』雑下・九八二　よみ人しらず）という古歌による。以降、「しるしの杉」と共に詠まれることが多い。**〇外山**　深山に対して人里に近い山。ここでは『古今集』九八二番歌の「山もと」に対応させた表現。**〇を**　対象として取り上げたものを示す「～を」、動作の起点を示す「～から」の意もあるが、詞書に「長谷より帰りて」とあるので、ここでは経過する場所を示す「～を過ぎて」の意。

【鑑賞】

惟規は長谷からの帰途、十市の里で宿をとった。目の前には「わが庵《いほ》は三輪《みわ》の山もとこひしくは　とぶらひきませ杉《すぎ》たてる門《かど》」（『古今集』雑下・九八二　よみ人しらず）という歌で有名な三輪山が聳えている。歌に情熱を注いだ惟規のことゆえ、この歌に詠われている通り「しるしの杉」を訪れそうにも思われるが、帰京後に〈三輪山の麓を急いでやって来た〉というのだから、寄らずに来たのだろう。恋人を想うがゆえに訪れる三輪山を、惟規は逆に、恋人を想うがゆえに通り過ぎたのである。

古今集歌と対照的なのは発想だけではない。二首を並べてみる。

わが庵《いほ》は三輪《みわ》の山もとこひしくは　とぶらひきませ杉《すぎ》たてる門《かど》

旅寝してとほちの里のくるしさに　またぎぞ来つる三輪の外山を

定住する〈我が庵〉と仮初めの〈旅寝〉、〈三輪の山本〉と〈十市の里〉、〈恋しさ〉と〈苦しさ〉、〈とぶらひ来ませ〉と〈またぎぞ来つる〉、〈杉立てる門〉と〈三輪の外山〉と、表現もそれぞれ対になるように詠まれているのである。古今集歌を踏まえて表現も対応させていながら、その発想は逆転させている。肩すかしをくわせるような趣向の歌である。

同様の趣向で「またぐ」という語を詠んだ歌がある。

花すすき穂《ほ》にいづる事もなきものを　まだき吹きぬる秋の風かな

〈花薄の穂が出ないうちに秋風が吹いてしまったように、はっきりと態度に示すこともなかったのに、早くもあなたに飽きられてしまったなあ〉

（『後撰集』恋四・八四〇　よみ人しらず）

花《はな》すすき穂《ほ》にいづとまだき告《つ》ぐなゆめ　あきにまたげる我《わ》が聞《き》かなくに

〈花薄の穂が出たと、まだその時期でもないのに告げないでおくれ。花薄の穂が出る秋になるのを――この恋を打ち明けるべき時期が来るのを――待ちわびている私は、まだそれと聞いていないのに〉

（『好忠集』五〇七　源順）

順歌の下句については、「秋を待ちにまっている（厭が来るのを待っている）ということはきかないのに」（神作光一・島田良二『曽禰好忠集の研究　全注釈篇』）、「ここでは、花薄の穂が出るのを待ちかねる、の意」（川村晃生・金子英世『曾禰好忠集注釈』）、「『（中略）あなたが私に飽きるのを待ちかねている私がまだ聞いてもいないのに』の意、すなわち自分に対する男性の好意を持てあましている女性の思いを絡ませていようか」（『和歌文学大系54　中古歌仙集（一）』）など様々な解釈があるが、私としては先にあげたような解釈が妥当ではないかと思う。さて、順歌が後撰集歌を踏まえているのは言うまでもないが、花薄の出穂と秋の到来との先後は逆転して詠まれ、また、秋の到来を厭うか望むかという心情も対照的に詠まれている。惟規は順の歌に着想を得たのではないだろうか。なお、順の歌では動詞「またぐ」も副詞「まだき」も用いられている。惟規の歌が「まだき」を響かせていると考えた理由はここにもある。

さて、当歌は古今集歌と対になるように詠みながら、肝心の「杉」は詠まなかったのであろうか。否、当歌には暗に〈杉〉が詠み込まれているように思う。

「わりなくもすぎたちにける心《こころ》かな　三輪《みわ》の山もとたづねはじめて」（『蜻蛉日記』一九二　道綱）・「みわの山すぎがてになけ郭公　たづぬるけふのしるしと思《おも》はん」（『金葉集（初度本）』夏・一七一　清原深養父）・「とふ人もいまはなしわがみわの山　すぎにしかたをあはれとぞ思ふ」（『道命阿闍梨集』一三二）等、「杉」に「過ぎ」を掛けた歌が散見される。当歌の「またぎぞ来ぬる」とは三輪山を通り過ぎたということであり、暗に「杉」を詠み込んでいるように思われる。

一五　いかてわれすましとそおもふすむからに　うき事しけきこの世なりけり

【釈文】

いかで我すまじとぞ思ふすむからに　うき事しげきこの世なりけり

【通釈】

どうにかして世の中にはいるまいと思う。住んでいるだけでつらいことが多いこの世であるよ。――あなたのもとには通って行くまいと思う。いっそ川に身を投げてしまおうか。通い始めるやいなや、嫌なことが頻々と生じる、私たち二人の仲であるよ。

【語釈】

〇いかで　願望の意を表す。どうにかして。「行かで」「生かで」を掛ける。**〇すまじ**　「すむ」は①居所を定めてそこにいる、②男が女のもとに通ってそこで暮らす。「じ」は打ち消し意志の助動詞。～まい。**〇からに**　ただそれだけで。～するやいなや。**〇うき事**　嫌なこと、つらいこと。「消《き》えやらず雪はしばしもとまらなん　うきことしげき我にかはりて」（『古今和歌六帖』七〇二）**〇しげき**　数量や度数が多いこと。「人言繁し」「人目繁し」というかたちで恋歌に多く詠まれる。**〇この世**　現在自分が生きている世。死後の別世界・来世を「あの世」と呼ぶのに対して用いられ、仏教的世界観を強く反映している。「たつ雉《きじ》のうはのそらなる心にも　のがれがたきはこの世なりけり」（『高光集』六）

【鑑賞】

「いかでわれ」と詠んだ先例は「いかでわれ心をだにもやりてしか　とほくなるみのうらみがてらに」（『古今和歌六帖』一八八七）・「いかで我人にもとはん暁の　あかぬ別や何《なに》に似《に》たりと」（『後撰集』恋三・七一九　紀貫之）の二首、いずれも恋の苦しさを詠んだ歌である。

「すまじ」と詠む歌は六首認められ、そのうち五首が死や出家遁世を詠んでいる。その中で「いなば川いなとしつひに言《い》ひはてば　ながれてよにもすまじとぞ思ふ」（『古今和歌六帖』一五七八）は当歌と傍線部を同じくする。また、『風葉和歌集』には「けふやなほ身をなげてましあすか川　あすの逢瀬《あふせ》を人しわたらば」（恋二・八五九　のちくゆるのみかど）・「逢《あ》ふ瀬をも人しわたらばあすか河　ながれて世にもすまじとぞ思ふ」（八六〇　大将女御）という、散逸物語の中の贈答歌が収められている。これは親の決めた婚約者がいる娘と親王とが恋仲となり、娘の結婚が明日にも迫った状況で詠み交わされたものだという（小木喬『散逸物語の研究――平安・鎌倉時代編』）。「すまじとぞ思ふ」という句は、悲恋故の入水というイメージを孕んでいる。

「からに」も恋のイメージを持つ語である。「人間守《ひとまも》り葦垣《あしかき》ごしにわぎもこを　あひ見《み》しからに言《こと》ぞさだおほき」（『万葉集』巻一一・二五八一・二五七六）のように、『万葉集』では殆どが恋歌に用いられており、平安時代も恋歌に多く用いられる。

このように上句には恋歌の表現が散りばめられており、その中で用いられた「すむ」には〈男が女のもとへ通う〉の意が響く。すなわち「すまじ」は〈通って行くまい〉の意、「すむからに」は〈通うや否や〉の意となる。

「うき事」も恋に起因するのだろうが、女の返歌（一六・一七）の内容からすると、女が冷淡だったわけではないらしい。「しげし」という語は「人言《ひとごと》のしげきこのころ玉《たま》ならば　手《て》に巻《ま》き持《も》ちてこひずあらましを」（『万葉集』巻三・四三九・四三六）のように恋の噂「ひとごと」と共に多く詠まれたから、「うきこと」は恋の噂であったかもしれない。ともあれ、女のもとに通い始めるや否や嫌なことが生じたので、惟規は女との仲――「世」を断ち切り、この世から逃れたいというのである。

平安時代の貴族たちは出家という方法によって憂き世を捨てた。しかし、入水のイメージを孕む「すまじとぞ思ふ」という句、死後の世界を念頭に置いた「この世」という語を詠む惟規は、死という選択肢を思い描いているように思われる。

女の元には通うまいと、そうして入水してしまおうと詠む当歌の「いかで」には、「行かで」と「生かで」の意も込められていよう。同様の趣向で詠んだ歌に「死《し》ぬばかりわびしかりしにそこまでも　いかではいかでいけるなるらん」（『一条摂政御集』一六七）がある。惟規はこの歌を参考にしたのかもしれない。

当歌に詞書はなく、前の一四番歌と一連の作であろうか。旅路にあった時は早く逢いたいと思っていたのに、それが叶うや否や女との仲は憂き世と変じた。故郷も恋も、美しいのは遠く離れて思う時だけなのかもしれない。長谷へは長谷寺参詣のために赴いたのだろうが、それで心安らかに暮らせるようになるわけではなかった。仏を信仰しても救われない、そう悟った惟規の頭に、死という選択肢が浮かんだのかもしれない。

かへし女

【釈文】

一六　いつかたにいか丶そむかんそむくとも　世にはよならぬところありやは

返し、女

いづかたにいかがそむかんそむくとも　世には世ならぬところありやは

【通釈】

女の返歌

どこに行って、どのようにして憂き世を逃れるというのでしょう。この世にこの世でないところなどありましょうか。出家したとて憂き世に住むことに変わりはありますまい。

【語釈】

〇いづかた　どちら、どの方向。**〇そむく**　「世をそむく」で俗世を離れる、出家する、の意。「世をそむく苔の衣はただひとへ　かさねばつらしいざふたり寝む」（『大和物語』一六八段・二八三　少将大徳）**〇やは**　係助詞「や」に係助詞「は」が付いて一語になったもの。疑問の用例は殆ど見られず、主に反語を表す語として用いられる。

【鑑賞】

一五・一六番歌は『玉葉集』（雑五・二五五〇・二五五一）に収められているが、次のように女の歌には小異がある。

人のもとにつかはしける　　藤原惟規

いかでわれすまじとぞ思ふすむからに　うき事しげきこの世なりけり

返し　　読み人しらず

いづかたにいかがそむかんそむくとも　世にはよならぬところありせば

『玉葉集』の本文は、上句も下句も仮定条件となっているため、その両方ともが宙に浮いてしまい意脈が通じない。『惟規集』の本文の方が良い。

女の返歌は仏教的厭世観に基づいて詠まれている。「山里もおなじうき世のなかなれば　所かへてもすみうかりけり」（『古今和歌六帖』九七三）・「ふれば憂し経《へ》じとてもまたいかがせむ　あめのしたよりほかのなければ」（『和泉式部集』五七五）・「山といへばうき身そむきに来《こ》しかども　おなじき雨のしたにぞ有りける」（『和泉式部続集』二九五）・「世の中をそむきにとては来《こ》しかども　なほ憂きことはおほはらのやま」（『能宣集』一〇三）・「世の中をそむきにいりし山にさへ　なほうの花の咲きけるものを」（『道命阿闍梨集』二〇六）等、類想歌は少なくない。

つらい世の中から逃れたいと思っても仏教では自死が許されていないため、人々は安住の地を方々の山里に探し求めた。入水を志向する惟規の考えは、そうした仏教的発想と乖離している。女は惟規の真意に気づかなかったらしい。あるいは、真意を理解した上での返答であろうか。そうであるとすれば歌意は〈身を投げたとて、その行く先は「あの世」、つらい「世」であることに変わりはないのですよ〉ということになるが、これは深読みが過ぎるかもしれない。

類歌の多くは、山里も俗世間もつらいことは同じなのだと、一人嘆息するような趣である。一方当歌は、「いづかた」「いかが」や「そむく」「世」など同音・同語を重ねて畳み掛けるように詠み、結びの反語「やは」まで一気に詠い上げる。出家遁世の無益なことを強く訴える趣である。その裏には、惟規をなんとかして引き留めたいという女の想いがあろう。何処へ行っても変わらないのだから、このまま此処に――私の傍にいなさい、と。

一七　おもふよりほかにそひとにわかれぬる　かつさはりみるほともへなくに

【釈文】

思ふよりほかにぞ人に別れぬる　かつさはりみるほども経なくに

【通釈】

私の思いとは裏腹に、あなたに別れてしまうのですね。恋仲になるやたちまち障害にあう、そのような時間もなかったのに。私が出家遁世の絆《ほだし》となってちょっとでも躊躇する、そのような時間もなかったのに。

【語釈】

○かつ　①二つの事柄が並行して行われていることを示す。一方では、片一方では。②二つの事柄がすぐに続いて生起することを表わす。すぐに、たちまち。③（一方で主な事柄が進行している、その傍らで）わずかに、ちょっと。ここでは②・③の意。**○みる**　身に受ける、経験するの意。また、〜してみるの意。**○に**　逆接の確定条件を表す接続助詞。〜なのに。

【鑑賞】

これも女の返歌である。前の一六番歌では惟規を引き留めようとしていたが、当歌では「別れぬる」と詠んでおり、女には諦念も湧いていたらしい。

「思ふよりほかに」と詠む先例は「身を捨《す》ててゆきやしにけむ思ふより　外なる物は心なりけり」（『古今集』雑下・九七七　凡河内躬恒）――体を離れてあなたの所に行ってしまったのだろうか、思うにまかせぬものは私の心だったのだなあ――という一首。「人に別れぬる」と詠む歌は、「むすぶ手のしづくににごる山の井の　あかでも人に別《わか》れぬるかな」（『古今集』離別・四〇四　紀貫之）・「よそに見てかへる夢だにあるものを　うつつに人に別《わか》れぬるかな」（『貫之集』五七六）の二首。「ほども経なくに」と詠む歌は「別れつるほどもへなくに白浪の　立帰りても見まくほしきか」（『後撰集』恋三・七三〇　紀貫之）・「いつのまに恋《こ》ひしきことのつもるらん　別《わか》れてのちはほどもへなくに」（『古今和歌六帖』二三七四）・「白雪のけさはつもれる思ひかな　逢はでふる夜のほどもへなくに」（『後撰集』恋六・一〇七〇　藤原兼輔）・「おりたちて若菜をいかでつませけん　人をはなれし程もへなくに」（『元輔集』九七）の四首。「かつさはる」と詠んだ先例は「うきながら人を忘《わす》れむこと難《かた》み　また心にぞかつさはりける」（『伊勢集』二九〇）――つらいからあなたを忘れたいと思うけれど、その一方で気に掛かってしまう――という一首。女は古今集歌人の作を意識して当歌を詠んだのだろう。いずれも恋人との別れを嘆く歌である。

「かつ」は二つの事柄がすぐに続いて生起することを表す語で、惟規の歌（一五）の「からに」に対応させた表現だろう。「さはり」は『万葉集』の時代から「湊入《みなとい》りの葦分《あしわ》けをぶねさはりおほみ　我《あ》がおもふきみに逢《あ》はぬころかも」（巻一一・二七五五・二七四五／『拾遺集』恋四・八五三）のように恋の障害として詠まれることが多い。これも惟規の歌の「うき事」に対応させた表現。恋仲になるや嫌なことが頻々と生じたから別れたいと言う惟規に対して、そのような障害など生じる間もなかったというのである。また、「さはり」は「世の中をみなむなしとは知りながら　うき身の君にさはるべきかな」（『赤染衛門集』一一三）のように、平安時代には往生や出家の障害としても詠まれた。この意も響かせていよう。私が絆《ほだし》となるようなこともなかったというのである。嫌なことがあったとしても、少しぐらい我慢してくれてもよかったのに。別れることを思いついたとしても、少しぐらい迷ってくれてもよかったのに。そんな女の声が聞こえてきそうである。

はなをそくさく春やまてらにて

一八　山かくれさかぬさくらはをもふらむ　我たにをそきはるのひかりと

【釈文】

花、遅く咲く春、山寺にて

山がくれ咲かぬさくらは思ふらむ　我だにおそき春のひかりと

【通釈】

桜の花が（都で）遅く咲いた春、山寺で

山に隠れ、いまだに花の咲いていない桜は思っているだろう。うだつのあがらない、山桜と同じような私をさえ、花を咲かせる遅い春の光だと。

【語釈】

○山寺　人里離れた山中にある寺。「山寺にあるに雨など降《ふ》りてあはれなる夜《よ》、人に／かくてだになほあはれなる奥《おく》山のきみ見《み》ぬ夜々《よよ》をおもひやらなん」（『道命阿闍梨集』二一〇）・「山寺にて月を見《み》る／秋《あき》さむくなりにけらしな山里《やまざと》の庭白妙《にはしろたへ》にてらす月かげ」（『道済集』三〇一）のように、和歌の中では「奥山」「山里」と転換されることが多い。

○だに　それ以外にもっとあることを暗示する気持ちを表す。～でさえ。**○ひかり**　日の光は『古今集』以後詠まれるようになるが、実際の日光を詠んだ例は比較的少なく、天皇や皇族の威光・恩寵の比喩として詠まれることが多い。「光なき谷には春のよそなれば　咲《さ》きてとく散る物思ひもなし」（『深養父集』三二）。

【鑑賞】

詞書の「山寺」の用例は、『道命阿闍梨集』一六例・『和泉式部集（正・続）』八例・書陵部蔵御所本三十六人集本『能宣集』七例・『道済集』七例等、河原院文化圏の歌人の家集に多い。

山寺にて月を見《み》る
秋《あき》さむくなりにけらしな山里《やまざと》の　庭白妙《にはしろたへ》にてらす月かげ
（『道済集』三〇一）

水無月《みなづき》のつごもり、山寺《でら》なるに、人《ひと》の消息《せうそく》に、このごろはなにごとかとあるに
たづねくる人なき夏の山里《ざと》は　ながき日ぐらしかたみにぞなく
（書陵部蔵御所本三十六人集本『能宣集』一〇二）

閑寂な趣を持つ山寺は、風雅に沈潜して自らを慰める彼らにとって、好ましい場所だったのだろう。

一方で山寺は「華山院観音院におはして、残《のこ》りの花を尋《たづ》ね山寺に遊《あそ》ぶといふ題《だい》よませ給《たま》うけるに／見《み》るままにかつ散《ち》る花をたづぬれば　のこりの春ぞすくなかりける」（『公任集』五一）のように、貴族たちが花見に訪れる場所でもあった。しかし惟規が訪れたのは、都での開花が遅れ、山寺の桜はまだ咲いていない頃。惟規は世を厭うて山寺に足を運んだのだろう。そうすると、一五番歌から当歌までは一連の作であろうか。

人々は漸く咲いた都の桜に心を傾け、未だ咲かずにいる山桜のことなど気にも留めない。「山寺《やまでら》にまかりけるに、桜《さくら》の咲《さ》きけるを見てよめる／山たかみ人もすさめぬさくらばな　いたくなわびそわれ見はやさむ」（『猿丸集』三二／『古今集』五〇）・「花山院うせ給ひての春、人人あそびもせざりしかば／つらしとや春のさくらも思《おも》ふらん　知《し》らず顔《がほ》にて過《す》ぐる春かな」（『道命阿闍梨集』五九）と詠まれるように、山桜は人に顧みられないことを嘆いていた。そこに惟規がやって来たのである。山桜の立場からすれば、正に「日の目を見た」わけである。その桜の心を惟規は推し量る。山桜は私のことを春の光だと思っているのだろうか、と。しかし、その見立ては自分にそぐわない。「春の光」のイメージに相応しいのは、今ごろ都で花見に興じている貴顕たちだ。「だに」という一語に、その嘆息が込められている。

「司召《つかさめし》の後、内《うち》に侍《さぶら》ひし人のもとにつかはしし／こころみにをりもしあらば伝《つた》へなん　咲《さ》かで露けき桜ありきと」

（『元輔集』一七六）・「司《つかさ》え給はで、春人につかはしし／我が宿《やど》のさくらは咲《さ》かで年ふれば　ほかの花をもよそに見《み》るかな」（『元輔集』一八二）・「行きかはる春をもしらず花さかぬ　深《み》山がくれのうぐひすのこゑ」（『公任集』五二八）等、花咲かぬ桜や山桜に不遇の身を重ねて詠む歌は少なくない。遅咲きで時に合わないということ、山に隠れて人に認められないということが、不遇の身と重なり、その比喩となる。山桜の見立てとは裏腹に、惟規は我が身を山桜に重ねているように思われる。

【釈文】

しのひたるひとに

一九　うちとけてねたになかれす人めもる　せきのいはみつはやこほれ《り》つゝ

【通釈】

忍びたる人に

うち解けてねだになかれず人目もる　関のいはみづはやこほりつつ

人知れず思いを寄せている女に

男が女に通うのを監視する人目という関所、そこを流れる岩清水が早くも凍りついたように、あなたの心は冷たく閉ざされていることだなあ。氷が春になって溶けるようには、あなたは心を許してくれず、衣の下紐を解いて共寝することもできず、わたしは声をあげて泣きたいが、辛さのあまり泣くこともできない。

【語釈】

○忍びたる人に　「忍び」で、人に知られないようにする、秘密にする。また、「偲び」で、恋い慕う。つまり、このふたつを重ねて、人知れず思いを寄せている人にの意。「垂氷《たるひ》」（つらら）を隠すか。**〇うち解けて**　気を許す、「打ちとけていをだに寝《ね》ねば逢《あ》ふことの　夢路《ゆめぢ》をさへぞへだてはてつる」（『元真集』九九）。慣れ睦び衣の下紐を解く、「泣くなくも今日はわが結ふ下紐を　いづれの世にかとけて見るべき」（『源氏物語』夕顔巻・四一　光源氏）。氷が溶ける意を掛ける、「春《はる》くれば山田の氷打ちとけて　人の心にまかすべらなり」（『拾遺集』春・四六　在原元方）など。**〇ねだになかれず**　「寝だに…ず」、「音だに泣かれず」、「根だに流れず」を掛ける。「音だに泣かれず」と「根だに流れず」を掛ける典型は、惟規より後の例になるが、「うきにのみ沈む水屑となりはてて　今日はあやめのねだにながれず」（『狭衣物語』巻一・七　宣耀殿女御）。**〇人目もる関**　他人の目が監視する恋の関所。すべて惟規より後の例になるが、「人めもるいはでの関はかたけれど　恋しきことはとまらざりけり」（『散木奇歌集』一二二三）・「人めもる関《せき》をばゆるせあふみなる　やすのこほりのやすく通《かよ》はん」（『私撰六帖題和歌』七七三　知家）。類似表現「人目の関」の例に、「げにわりなき人めの関をまぎれ給ふべきかたなく苦しく思さる」（『夜の寝覚』巻三）。ちなみに、「せき（関）」には「逢坂の関」の連想から、男女の逢瀬を妨げる関門の意が含意されている。また、「めもる（目漏る）」には、〈涙が目から漏れる〉が、「もる（漏る）」には〈水が岩間から漏れる〉が掛けられている。「人目」には〈人の訪れ・行き来〉の意もある。また、「人目守る」で〈人目をはばかる・人の目を盗む〉の意もある。たとえば、「うつつにはさもこそあらめ夢にさへ　人めを守ると（よくと—定家筆伊達本）見るがわびしさ」（『古今集』恋三・六五六　小野小町）・「くる人《ひと》をとどむる関《せき》はなけれども　ひとめもる身ぞわびしかりける」（『能宣集』六二）などのように。**〇いはみづ**　岩の間から流れ出る清水。石清水に同じ。「関の岩水」は本歌と次の二〇番歌以外、用例がない。「岩水」も用例少なく、惟規集以前は「いはみづのすずしきかげを見《み》るけふは　夏《なつ》のあつさもわすられにけり」（『輔親集』一九）のみ。**〇つつ**　反復・継続を表す。和歌の「つつ」止め技法で、余情・詠嘆をこめる。「こほりつつ」と言い止したようにして、初句「うち解けて」に回帰する表現構造。

【鑑賞】

詞書「忍びたる人に」から、この歌は恋歌と意識させられる。そして、恋歌であるゆえに、「うち解けてねだになかれず」は、まず「うちとけて寝…ず」〈慣れ睦び下紐を解いて共寝することなく〉と意識させられる。たとえば、「うちとけてねもみぬものを若草の　ことあり顔にむすぼほるらむ」（『源氏物語』胡蝶巻・三七一　光源氏）のように。

ここには無論、「音だに泣かれず」が掛けられている。この「音だに泣かれず」は、さらなる掛詞「根だに流れず」を喚起させる。そして、「根だに流れず」を意識させることによって、詞書に隠された「たるひ（垂る氷）」に遡上させ、「氷」が「うち溶けで」「根だに流れず」という縁語の脈絡を浮かび上がらせる。さらに、この〈氷が溶けないで閉ざされたまま根さえ流れない〉という冷え冷えとした景は、男の冷え冷えとした独り寝の寂しさをイメージさせ、表面の脈絡〈慣れ睦び下紐を解いて共寝することなく〉に重ねる。詞書と初め二句の表現は、かかる入り組んだ仕組みになっている。

〈関の岩水が凍る〉あるいは〈その氷が溶ける〉には、どのような比喩性がはらまれているのか。〈関の岩水が凍る〉の例は見いだせないので、類似表現の〈岩間の水が凍る〉〈その氷が溶ける〉に広げてみる。まず、水が凍れば冷たく固く閉ざされるゆえ、〈冷めたく心を閉ざして身を許さない、男女の仲がうち解けない〉、あるいはその逆の〈心を許す、男女がうち解ける、すなわち下紐を解いて共寝する〉の喩となる。惟規より後の例だが、「春立《はるた》たばうちもとけなで山川《かは》の　岩間《いはま》のつららいとど繁《しげ》しも」（『四条宮下野集』四二）のように。あるいは、「峯寒《みねさむ》みいはまこほれる谷《たに》水の　ゆくすゑしもぞ深《ふか》くなるらん」（『紫式部集』八五）の下句は、〈氷が溶ける〉に〈和解と仲の深まり〉を喩えている。また、「さらぬだに岩間《いはま》の水は漏《も》るものを　氷《こほり》とけなば名《な》こそ流《なが》れめ」（『四条宮下野集』四三）のように。

ちなみに、男女間でなくとも、〈うち解けない仲〉の喩となる。「閉《と》ぢたりし岩間《いはま》のこほりうちとけば　をだえの水もかげ見《み》えじやは」（『紫式部集』五七）の「閉ぢたりし岩間の氷」が、〈同僚女房の冷たくうち解けない態度〉を喩えるように。

〈岩間の氷〉ではなく〈山川の水〉でも、〈下紐を解く、男女の仲になる〉ことを喩える。たとえば「閉《と》ぢたりし上《うへ》

の薄氷《うすらひ》とけながら　さは絶《た》えねとや山の下水《した》」（『紫式部集』三二）の上句のように。

当歌の場合、「はやこほりつつ」と〈早くも〉とあるので、〈一度は人目を忍んで逢瀬をもったが、早くも心を閉ざして許さない〉の意になろう。

次ぎに、水は凍れば流れない、漏れ出ない。このことから、〈秘密が漏れない、噂が流れない〉の喩となる。たとえば、先に引いた「さらぬだに岩間《いはま》の水は漏《も》るものを　氷《こほり》とけなば名《な》こそ流《なが》れめ」（『四条宮下野集』四三）のように。

さらに、水が絶えて流れなければ、流水の音がしない。このことから、〈音づれがない、人が訪れない〉という比喩性をも醸成する。たとえば、「岩間《いはま》にはこほりのくさびうちてけり　漏《も》りこし水《みづ》もたえて音《おと》せず」（『好忠集』三一九）のように。また、先に引いた「閉《と》ぢたりし岩間《いはま》のこほりうちとけば　をだえの水もかげ見《み》えじやは」（『紫式部集』五七）の下句が、〈参内して姿を見せる〉〈行く〉の意を喩えるように。

当歌のように〈関の岩水が凍る〉であると、〈固く閉ざされて水が流れない〉というイメージから、〈関所の守りが堅固〉という比喩性もはらみ込む。

かへし

二〇　もりやせむとおもふなみたのみをならて　さしもこほらしせきのいはみつ

【釈文】

返し

もりやせむと思ふなみだのみをならで　さしもこほらじ関の岩水

【通釈】

秘密の関係が他人に漏れやしないかと、おびえて流す涙の深い川。我が身の辛さに心が凍り、涙の川も凍りついています。しかし、逢坂の関の石清水はわたしの涙の川のように凍りつくことなどありますまい。石清水が凍らず流れ出づるように、二人の秘密の関係が世間に漏れることを、あなたは気に掛けてはいないのでしょう。

【語釈】

○もりやせむと　秘密が漏れる、涙が漏れるの意を掛ける。**○思ふ**　憂える、心配するの意。**○なみだのみを**　「みを（水脈）」は川や海の深み。「涙の川」と同じ発想。「身を」を掛ける。**○ならで**　…以外に、…ではなくての意。**○さしも**　そんなにも。「さ」は「涙の水脈」を指す。**○こほらじ**　「関の岩水」が〈凍らない〉は、秘密が漏れること、噂が流れることとの隠喩。**○関**　逢坂の関の連想から、男女の逢瀬のイメージを漂わせる。**○岩水**　岩の間から流れ出る清水。石清水に同じ。

【鑑賞】

前歌の「人めもる（守る）」の「もる」を受け、かつ意味をずらして、「もり（漏り）やせむと」（秘密の関係が世間に漏れるのではないかと）と歌い出す。「岩間の水が漏れる」が〈秘密の関係が世間に漏れる〉を暗喩する例に、前歌で引いた、「さらぬだに岩間《いはま》の水は漏《も》るものを　氷《こほり》とけなば名《な》こそ流《なが》れめ」（『四条宮下野集』四三）がある。

また、前歌の「ね（音）だになか（泣か）れず」との連関から、〈涙が流れる〉の意の「もり（漏り）」が掛けられてもいる。このように、秘密が世間に漏れることと涙が漏れることを掛ける例は、「しる人もなくてやみぬるあふことを　いかで涙の袖にもるらむ」（『元輔集』二一二）がある。

「なみたのみを（涙の水脈）」の用例は、惟規以前では二例のみ。『為信集』の「泣《な》きたむる涙《なみだ》の水脈《みを》はふかけれど　うきに泣《な》くてふことのなきかな」（八七）、『源氏物語』真木柱巻の玉鬘詠「みつせ川わたらぬさきにいかでなほ　涙の水脈《みを》のあわと消えなん」（四〇八）である。『源氏』の作中歌は無論のこと紫式部作。為信は藤原文範の男で、紫式部と惟規の外祖父とする説がある。当歌は女からの返歌とはいえ、親族の三人に関わる作品中にしか用例がないことは注目に値しよう。特に惟規集歌と為信歌は密接な関係がうかがわれる。為信歌の詞書は「われも人もつつむことありて、え逢《あ》はぬころ」、惟規歌の詞書は「忍びたる人に」で、人目を忍ぶ恋という状況が共通しているからである。

一九・二〇の贈答歌の理解に、惟規より後の例ながら、『四条宮下野集』（四二・四三）の贈答が参考になる。一九番歌の【鑑賞】でも触れたが、ここに改めて引いておく。

小式部《こしきぶ》に有綱《ありつな》訪るるころ、皆《みな》、さなむと人々の言《い》ふに、かく言《い》ひたる

春立《はるた》たばうちもとけなで山川《やまがは》の　岩間《いはま》のつららいとど繁《しげ》しも（四二）

代《か》はりて

さらぬだに岩間《いはま》の水は漏《も》るものを　氷《こほり》とけなば名《な》こそ流《なが》れめ（四三）

四二・四三から、〈氷が溶ける〉ことが〈女が男に心を開いて共寝する〉ことの喩えと知れる。四二から、〈岩間の水が凍る〉ことが〈女が心を冷たく固く閉じている〉ことの喩えと知れる。四三から、〈岩間の水が漏れる〉ことが〈世間の人が噂を立てて流す〉ことの喩えと、また〈氷が溶けて流れる〉ことが〈噂が漏れ流れる〉ことの喩えと知れる。

二一　うらやましをのかとこよにかへるかり　我行かたにをなしたひねを

春たひのそらにてかりのなき侍しかは

【釈文】

春、旅の空にて、雁の鳴き侍りしかば

うらやましおのがとこよにかへる雁　我が行くかたに同じ旅寝を

【通釈】

春、旅の途上の空に、雁が鳴いていましたので

自分の故郷に、常の寝床に帰っていく雁が羨ましいことだ。私と行く先は同じ旅寝であるものを。

【語釈】

○旅の空　旅先で眺める空。頼りなく心細い旅先の土地。「かりがねを雲居《くもゐ》はるかに聞《き》くときは　旅《たび》の空《そら》なる人《ひと》をしぞ思《おも》ふ」（『躬恒集』三〇〇）のように、「雁」と共に詠まれることが多い。**○雁**　ガンカモ科の渡り鳥。秋に北方から飛来し、春に帰って行く。和歌では春秋の景物として詠まれる。**○とこよ**　常世。不老不死の理想郷、神仙郷。「我《わぎ》妹子《もこ》はとこよの国《くに》にすみけらし　むかし見《み》しより変若《をち》ましにけり」（『万葉集』巻四・六五三・六五〇　大伴三依）。雁は常世から渡ってくる鳥とされ、常世は雁の帰る北方の地、越の国や胡国にあると考えられていた。また、「かへる雁《かり》いづちかゆかむ住《す》みなれし　君《きみ》がとこよのくにならずして」（『実方集』二〇七）のように「床」を掛けて詠まれる。当歌も仮初めの「旅寝」と対照的な〈常の寝床〉の意を響かせる。

【鑑賞】

春、雁と同じ方角へ向かう旅で詠んだというから、「越の方へまかりし時」に詠んだという次の二二番歌と一連の作であろう。寛弘八年（一〇一一）二月一日、父為時は越後守に任ぜられた。惟規は父の後を追って越後に向かったが、道中病にかかり、到着後まもなく没したという（『俊頼髄脳』・『今昔物語』巻三一第二八語）。当歌はその時の作であろう。下向時の状況について、岡一男氏は次のように述べられている。

（筆者注＝惟規の式部丞在任期間は）『勅撰作者部類』には「至寛弘八年」とあるが、この春為時が越後守に任ぜら

れたので、直ちに官を辞し、叙爵して老父の後を追ひ越後に下つたと思ふ。『藤原惟規集』に

越の方にまかりし時、もろともなりし女（に脱カ）

あれ海も風間もまたず船出して君さへ浪にぬれもこそすれ

とあり、その直前に

春、旅の空にて雁のなき侍りしかば

羨ましおのが常世に帰る雁わが行く方に同じ旅寝を

とあるから、余程慌ただしい旅立ちであつたことがわかる。（中略）『権記』寛弘八年六月二十五日の条に一条天皇御大葬の詳細な記事があり、天皇の舊臣はみなそれ〴〵の行事を奉仕してをるのに、為時・惟規父子の名は見えてゐないから、それ以前に越後に赴いたことは確かである。

（『源氏物語の基礎的研究』）

下向時の慌ただしさは、「藤原惟規が越後へ下《くだ》り侍りけるにつかはしける／今日《けふ》やさは思ひたつらむ旅衣《たび》　身にはなれねどあはれとぞ聞《き》く」（『新勅撰集』羈旅・五〇五　伊勢大輔）という歌からも窺われる。

なお、為時はこれを遡る長徳二年（九九六）、越前守に任ぜられており、この時は紫式部が共に下向している（『紫式部集』）。この時、惟規同伴であったか定かでないが、いずれにしても、伯父為頼の「越前へ下《くだ》るに、小袿《こうちき》のたもとに／夏衣《なつごろも》うすき袂《たもと》をたのむかな　いのる心《こころ》のかくれなければ」（『為頼集』三七）という歌から、越前への出立は夏であったことが知られる。遠国へ赴任する場合、準備期間として出立まで一二〇日間の猶予が与えられていた（『延喜交替式』）。『更級日記』には、長元五年（一〇三二）二月に藤原孝標が常陸介に任ぜられ、七月十三日に下ったと記されている。春に任命されても、実際の下向が秋になることもあったのである。

「くさまくら我《われ》のみならずかりがねも　旅《たび》の空《そら》にぞなきわたるなる」（『能宣集』三四三）のように、旅人は同じ境遇の雁に自らを重ねる。しかし、旅路にあることは同じでも、雁にとっては故郷に帰る旅、旅人にとっては異郷の地へ

向かう旅であることに思い致す。「道行人のかへる雁のわたるを見《み》たる所／ねたきこと帰《かへ》るさならばかりがねを　かつ聞《き》きつつぞ我はゆかまし」（『貫之集』四七）のように。そして、雁を羨ましく思う。「ふる里をいづれの春か行きて見ん　うらやましきは帰るかりがね」（『源氏物語』須磨巻・二一二　光源氏）と。

「雁」「うらやまし」という語を共に詠み込んだ歌には、右の歌の他、円融院の喪中のつれづれに詠んだという「思《おも》ひしる人もなき世にうらやまし　うき世を捨てて帰る雁がね」（『公任集』二四七）がある。「うらやまし」という句を持つ歌には他にも、「うらやま《山》しあさひにあたる白露を　わが身と今はなすよしもがな」（『拾遺集』恋三・八二四　よみ人しらず）・「うらやましいかなる花《はな》か散《ち》りにけむ　物思ふ身《み》しも世《よ》にはのこりて」（『後拾遺集』春下・一四二　土御門御匣殿）など、死を羨む心情を詠んだものが少なくない。

また、「常世」は不老不死の神仙境であることから派生して、冥界のイメージも生じたらしい。「白露《しらつゆ》の消《き》えにしほどの秋待《あきま》つと　とこよの雁《かり》もなきてとひけり」（『斎宮女御集』三五）は、父重明親王の喪が明けた時に詠んだ歌。父の亡くなった秋という季節、冥界からの使者として雁が弔いに訪れたというのである。

そして、「おのがとこよ」の唯一の先例は、病床で詠んだ歌である。

近江《あふみ》の関寺《せきでら》にわづらひて籠《こ》もりて侍《はべ》るに、まへより閑院御《かうご》、石《いし》山へ詣《ま》で侍《はべ》りけるを見《み》て、追《お》ひてつかはす
おほぞらに雲《くも》のかりがね来《き》にけらし　おのがとこよは夏《なつ》のやどりに　（『敏行集』一九）

敏行は病の療養のために長らく関寺に参籠していた。秋になって閑院が石山詣に訪れたが、敏行のいる所は素通りしてしまった。そこで敏行は使いに後を追わせて歌を届けさせたという。右の歌はそのうちの一首で、「常世」には〈床〉が、それも病床の意が込められている。

当歌には死を連想させる表現がいくつも詠み込まれている。惟規はこの時既に病に冒されていたのではなかろうか。

そうであれば一層のこと、住み慣れた都や自邸の寝床が恋しく、故郷の寝床に帰る雁が羨ましく思われたことだろう。

こしのかたにまかりし時もろともなりしをんな

二二 あれうみもかさまもまたすふなてして 君さへ浪にぬれもこそすれ

【釈文】

越の方にまかりし時、もろともなりし女

荒れ海も風間も待たず船出して 君さへ浪にぬれもこそすれ

【通釈】

越後の国に下りました時、一緒であった女に

荒れる海が凪ぐのも、風の絶え間になるのも待たずに船出をして、あなたまでも浪に濡れ、涙に濡れてしまうのでしょうか。

【語釈】

○越の方　「こし」は北陸地方の古称。越前・越後。**○もろともなりし女**　一緒に下って行った女。**○荒れ海**　「うみ」は湖を指すこともあり、その場合は「淡海の海」（琵琶湖）が大部分である。琵琶湖は北陸地方に下向する際の経路の一つで、為時も越前に下向する際、琵琶湖を通った（『紫式部集』）。**○風間も待たず**　「風間」は風の絶え間の意。「海」「波」「舟」などの語と共に詠まれることが多い。「荒れ海も風間も待たず」は天候の善し悪しを考慮する暇もなく急ぐ様子を表している。**○君**　あなた。親しい男女間に用いる。**○さへ**　添加の意を表す。〜までも。**○浪**　「涙」をかける。**○もこそ**　「も」「こそ」は共に係助詞。「もこそ」で「…してはたいへんだ」「…するといけない」と悪

い事態を予測し、それに対する危惧を表す。

【鑑賞】

父為時の後を追って越後に下向した時の作であろう。父為時が越後守に任ぜられたのは寛弘八年（一〇一一）二月。惟規は蔵人兼式部丞の職にあったが、ただちに官を辞し、春のうちに下向したらしい。「荒れ海も風間も待たず船出して」は、その出立の慌ただしさを物語る。

当歌について岡一男氏は、「女」の下に「に」が脱落している可能性を指摘され、「惟規が愛人を帯同したのは、老父の介添への心組であつたらう。」（『源氏物語の基礎的研究』）と述べられている。一方、萩谷朴氏は「越後まで同伴した女性の歌ではなく、途中まで見送りのために同伴した女の意か、あるいは、都にて同棲していた女の意であろう。なぜなら一首の歌意は、浪に濡れるであろう惟規の身の上を思いやるところにあるからである。」（『紫式部日記全注釈』下巻）と述べられている。また、犬井善壽氏は「「君」即ちこの集の作者であり作主である惟規或いは創り出された話主が越前辺から船で更に越の国の奥へ向う折に同行した「女」の歌。「貴男が波に濡れると困るのに」と言って「君」に贈った歌である。」（「『藤原惟規集』現存諸資料本文試解覚え書き」）と述べられている。

詞書に使われた「もろともなり」の用例を見ると、「もろともに下《くだ》り給ふ、鈴鹿山《すずかやま》にて」（『斎宮女御集』二六二）・「もろともにほかへ行《い》かんと言《い》ひちぎりて、ふと一人往《い》ぬるに詠《よ》みてやる」（『重之集』一九二）のように、目的地に〈一緒に赴く〉意で使われることが多い。同棲していたということであれば「…昔大和《むかしやまと》の国《くに》なりける人のむすめに、ある人住《す》みわたりけり、この女親《おや》もなくなりて家も悪《わる》くなりゆくあひだに、この男河内《をとこかふち》の国《くに》に人をあひ知《し》りて通《かよ》ひつつ…」（『古今集』雑下・九九四左注）のように「住む」が使われるように思われる。また、途中まで見送ったということであれば「あひ知《し》りて侍りける人の東《あづま》の方へまかりけるを送《おく》るとて詠《よ》める」（『古今集』離別・三七八）のように「送る」が使われるように思われる。「もろともなりし女」は越後に同伴した女と解するのが良いように思う。

その前提で作者を女と考えた場合、「君さへ」は〈女だけでなく、惟規までも〉の意となるが、これでは女の都合で下向するかのようである。〈為時だけでなく、惟規までも〉という解釈も出来なくはないが、女も一緒に下向するのに、その自分について全く触れないというのも変な感じがする。旅路への不安や都を離れる悲しみを惟規と共有しそうなものである。逆に作者を惟規とした場合、「君さへ」は〈惟規だけでなく、女までも〉の意となる。自分の都合でにわかに都を離れることになった女の心労や悲しみをいたわる歌となり、歌意はうまく通る。岡氏の解釈が穏当であろう。

余談だが、「もろともなり」の用例の中に、次のようなものがあった。

北へ行くかりぞなくなる連《つ》れて来《こ》し　数《かず》は足《た》らでぞかへるべらなる
このうたは、ある人、男女《をとこ》もろともに人の国《くに》へまかりけり、男《をとこ》まかりいたりてすなはち身まかりにければ、女ひとり京へ帰《かへ》りける道《みち》にかへる雁《かり》のなきけるを聞《き》きて詠《よ》めるとなむ言《い》ふ
（『古今集』羈旅・四一二　よみ人しらず）

惟規達と同じような末路を迎える男女は少なくなかったのだろう。惟規が同伴した女のその後は不明である。

二三　たのむかなほそえにさせる身をつくし　ふかきにまけぬ人はあらしと
つれなき女に

【釈文】
つれなき女に

たのむかな細江にさせるみをつくし　深きに負けぬ人はあらじと

【通釈】

薄情な女に

信じているのです。細江の浅瀬に挿してある澪標のように薄情なあなただけれど、同じく澪標のように身を尽くして深く愛している私に、屈しない人はいるまいと。

【語釈】

〇たのむ　四段活用で「信頼する」の意。「信頼させる」の意の下二段活用と共に、恋人の愛情について多く使われる。**〇細江**　幅が狭く奥深い入り江。**〇みをつくし**　船の通行が難渋する浅瀬に、水脈や水深を示す目印として立てた串。平安時代、難波は淀川の河口が広がって浅瀬が多く、その澪標は有名だった。和歌では「身を尽くし」を掛けて詠まれることが多く、「難波」と共に詠まれることもある。**〇深きに負けぬ人はあらじ**　自分の想いの深さに屈しない人はいるまい。「ひとしれぬ心の内を見せたらば　今までつらき人はあらじな」（『拾遺集』恋一・六七二　よみ人しらず）

【鑑賞】

当歌に酷似する歌に「住吉《すみよし》の細江《ほそえ》にさせるみをつくし　深《ふか》きに負《ま》けぬ人はあらじな」（『詞花集』雑上・三二二　相模）があるが、二人の生存期からして、相模が当歌を参考にしたと考えるのが妥当だろう（一一番歌【鑑賞】参照）。

惟規が没する一〇一一年頃までに「たのむかな」と詠んだ歌は約二〇首認められ、ひとつの熟した表現だったようである。その作者を見ると、清原元輔・源重之・和泉式部・大中臣輔親ら河原院グループの歌人や、為信・為頼という惟規の近親者が目立つ。ちなみに「しるしなきかみとしるしる頼《たの》むかな　わが思ふことをなれと祈《いの》りて」（『輔親集』一五六）は当家集八番歌の、「なにはめにつのぐみわたる葦《あし》の根《ね》は　ねはひたづねてよをたのむかな」（『重之集』四四）は当家集一三番歌の参考歌として挙げた歌である。また、「夏衣《なつごろも》うすき袂《たもと》をたのむかな　いのる心《こころ》のかくれなければ」

（『為頼集』三七）は、惟規の父為時が越前に赴任する際に詠まれた歌である。

「細江」を詠んだ先例は『万葉集』の三首のみ。当歌はその中の「とほつあふみいなさ細江《ほそえ》のみをつくし　我《あれ》を頼《たの》めてあさましものを（安佐麻之物能乎）」（巻一四・三四四八・三四二九）を本歌としている。「あさましものを」は、「あさまし」を形容詞と解して「浅い心であったのに」の意とする説（『日本古典文学大系』）や、動詞「浅《あ》す（浅くなる）」の未然形に助動詞「まし」がついたもので「やがては心浅く（疎く薄情に）なるでせうものを」の意とする説（澤瀉久孝『万葉集注釈』）がある。いずれにしても、愛情の浅い相手を浅瀬にある澪標に準えたところが、この歌の眼目である。

「つれなき女に」贈った当歌の澪標も、『万葉集』歌のイメージを孕ませていよう。歌の中に直接的表現はないが、引き歌によって、薄情な女の様が浮かび上がるのである。

なお、本歌とした万葉集歌は『古今和歌六帖』（一二六〇）にも採られているが、第五句は「あらましものを」となっており、薄情な相手を浅瀬の澪標に準える本来の趣向が失われている。惟規は『古今和歌六帖』を介してではなく、『万葉集』から直接歌を摂取していたことが窺われる。

平安時代の「澪標」は「女ともだちのもとに、筑紫《つくし》より挿《さ》し櫛《ぐし》を心ざすとて／なにはがた何にもあらずみをつくし　ふかき心のしるしばかりぞ」（『後撰集』雑一・一一〇三　大江玉淵朝臣女）・「みをつくし恋ふるしるしにここまでも　めぐり逢ひけるえには深しな」（『源氏物語』澪標巻・二六〇　光源氏）のように、「身を尽くし」を掛け、自らの思いの深さを訴える表現である。万葉集歌とは対照的だが、当歌の「澪標」は「ふかき」へ続けられており、この平安時代のイメージも孕んでいる。無論それは、深い愛情を持った惟規の比喩である。薄情な女と深い愛情を持つ惟規という対照的な二人は、「澪標」という比喩を介して一つになるのである。

同じ物でも着眼点が変われば、正反対の性質を帯びた物に見える。人間の目の不思議に感興を覚えて詠んだ歌であろう。

たひ〳〵かへり事せねは

二四　いひそめてたゝにはやましたかやまの　人のふみゝぬしけりなりとも

かへり事侍しかともわすれはへりにけり

【釈文】

たびたび返り事せねば

言ひ初めてただにはやまじ高山の　人のふみみぬ繁りなりとも

返り事侍りしかども、忘れ侍りにけり

【通釈】

幾度も返事をしてくれないので

一度言い寄ったからには、それだけで終わるまい。人が踏み込むことのない、高い山の繁みであっても踏み入ってみせよう――高嶺の花のあなたから文をいただいてみせよう。そして、あなた自身も手に入れてみせよう。

返事がありましたが、内容は忘れてしまいました。

【語釈】

○言ひ初め　初めて異性に言い寄る。「はじめて人につかはしける／思ひつつまだ言《い》ひそめぬわがこひを　おなじ心に知《し》らせてしかな」（『後撰集』恋六・一〇一二　よみ人知らず）**○ただ**　そればかり、それだけ。「淀野《よどの》へとみまくさ刈《か》りにゆく人も　暮《くれ》にはただに帰《かへ》るものかは」（『後拾遺集』恋二・六八五　源重之）**○やまじ**　恋を草木の繁茂した山に喩える二四・二五番歌は一連の作。二五番歌には「山路（やまぢ）」が詠み込まれているが、当歌の「やまじ」はその意を響かせているか。「じ」と「ぢ」を掛けた歌には「わが庵《いほ》は都《宮こ》のたつみしかぞすむ　世をうぢ山と人はいふなり」（『古今集』雑下・九八三　喜撰法師）・「にごり江《え》のそこにすむとも聞《き》こえずは　さすがにわれを君《きみ》こひじやは」（『和泉式部集』四三九）などがある。○ふみ　「踏み」に「文」をかける。

【鑑賞】

「踏みみぬ」に「文見ぬ」を掛けて詠んだ歌は少なくないが、その中で「女のもとに文《ふみ》つかはしけるを、返事もせずして、のちのちは文《ふみ》を見もせで取《と》りなむ置《お》くと、人の告《つ》げければ／おほぞらに行きかふ鳥の雲路《ち》をぞ　人のふみみぬ物といふなる」（『後撰集』雑三・一二二二　よみ人しらず）は、当歌と傍線部の表現を同じくする。「ふみみぬ」は〈自分が相手の文を見ない〉の意で詠まれることが多いが、この歌では〈相手が自分の文を見ない〉の意である。詞書からは判断出来ないが、当歌にも〈女が自分の文を見ない〉意が込められているのかもしれない。

惟規が没する一〇一一年頃までに「やまじ」と詠んだ歌は約二〇首。そのうち『万葉集』が八首を占めており、ここにも惟規の万葉好みが窺える。『万葉集』の歌は次に挙げるように、いずれも恋を成就させようという決意を詠っている。

まそかがみ直《ただ》にし妹《いも》をあひ見《み》ずは　我《あ》がこひやまじ年《とし》はへぬとも

〈直接にあの子に逢わないでは、私の恋は止まないだろう。何年経っても〉　（巻一一・二六四〇・二六三二）

やまとの室生《むろふ》の毛桃《けもも》もとしげく　言《い》ひてしものをならずはやまじ

〈大和の室生の毛桃の木の幹が茂っているようにしげしげと言い寄ったからには、桃の実のように恋を実らせないではすまないだろう〉　（巻一一・二八四五・二八三四）

惟規はただ文を請うているのではない。恋を成就させよう、あなた自身を手に入れてみせようと言っているのである。

平安時代の作にも、「帰《かへ》るさを待《ま》ちこころみよかくながら　よもただにてはやましなの里《さと》」（『後拾遺集』雑五・一一四

二　和泉式部）・「…あまたのとしを　かくしつつ　こひをつむ身と　なりぬれど　つひにはかくて　山しなの　いつ逢坂《あふさか》を　越《こ》えむとすらん」（『能宣集』三〇八）がある。これらの作との関係も興味深い。

「高山」の先例も、一首（『古今和歌六帖』五三〇）を除き全て『万葉集』の歌である。手の届かぬ相手を「高嶺の花」というが、同様の発想が既にあったことは「高き嶺《たかね》に雲《くも》の付《つ》くのす我《われ》さへに　君《きみ》に付《つ》きなな高嶺《たかね》と思《も》ひて」（『万葉集』巻二〇・三五三五・三五一四）・「かずならぬ身を持《も》ち荷《に》にて吉野山　高き歎を思ひこりぬる」（『後撰集』雑二・一一六七よみ人しらず）などから窺うことができる。「折《を》りわびて帰《かへ》らむものかこきかげの　山のさくらは雲居《くもゐ》なりとも」（『忠見集』一七二）という歌もある。当歌を贈った相手も高貴な女性だったのかもしれない。

草木の繁茂する山として、早くからイメージが定着していた山がある。「小筑波《をづくは》のしげき木《こ》の間《ま》よたつ鳥《とり》の　目《め》ゆか汝《な》を見《み》むさ寝《ね》ざらなくに」（『万葉集』巻一四・三四一四・三三九六）・「筑波山　葉山繁山　繁きをぞ　や　誰が子も通ふな　下に通へ　我が夫は下に」（風俗歌・筑波山）等と詠われる筑波山である。万葉調の表現によって、この筑波山のイメージが喚起されるのである。

万葉集の時代の筑波山、それは歌垣の行われる場所であった。その山頂は男体山と女体山とに分かれており、『常陸国風土記』によれば、歌垣は男体山ではなく女体山で行われたという。筑波山はまさに恋の相手を求めて分け入る山、恋の山なのである。当歌は恋の成就を女体山の繁みに分け入るさまに準えているように思われる。エロティックな歌である。

左注によると、当歌には返事がきたという。気位の高い女もこの歌には心が動かされたのであろうか。しかし、やっと手に入れた返事の内容を憶えていないとは一体どうしたことか。惟規から再度返事が出来ないような内容だったのだろうか。あるいは、家集に採録するのが憚られるような内容だったのだろうか。

又いかなるをりにか

二五　またしらてこゝろをきなくいりにけり　しけかりけらし恋のみやまち

【本文整定】

「こゝろをきなし」という語は他に用例を見ないが、一字違いの「心をさなし」は、『惟規集』二七番歌に使われている。二四・二五・二七番歌はいずれも、女の元に通うことを山に分け入るさまに喩えており、これらの歌は一連の作と思われる。「こゝろをきなく」は「心をさなく」の誤りであろう。新編国歌大観、岩波文庫も「こころをさなく」と改めている。

【釈文】

又いかなる折にか

まだ知らで心をさなく入りにけり　しげかりけらし恋の深山路

【通釈】

また、どのような折りであったか

まだ何も分からなくて、思慮分別もなく入り込んでしまったのでした。こんなにも繁っているものだったのだなあ、恋の深山路とは。

【語釈】

○入りにけり　「(山に)入る」に「思ひ入る(恋に深く入り込む)」の意を掛ける。「月影《つきかげ》に我もおくれず逢《あ》ふ事は　よしのの山に思ひいりにき」(『元良親王集』九一)・「つくばやまさ山《やま》しげ山《やま》しげけれど　思《おも》ひ入《い》るにはさはらざりけり」(『重之集』三〇八)　**○しげかりけらし**　「しげし」は草木が繁茂した様。恋情の激しさの比喩として恋歌に多く詠まれる。「あぢきなや恋《こひ》てふ山はしげくとも　人《ひと》の入《い》るにやわがまどふべき」(『一条摂政御集』九八)。「けらし」は過去の助動詞「けり」の連体形に推量の助動詞「らし」が付いたものだが、「けり」と同意で用いられる。藤原清輔『和歌初学抄』は「けり」の意味だとしており、平安時代にこのような認識があったことが分かる。**〇深山路**　「深山」と「山路」を合わせた当歌の独自表現。「深山」は山の奥深い所、奥深い山。外山に対する。「しげからば恋《こひ》の深山《み》も入りてみん　枝《えだ》を交《か》はせるかげはありやと」（『小馬命婦集』五五）。

【鑑賞】

二四番歌では山に踏み入ってみせようと勇んでいた惟規だが、ここでは山に踏み込んだ後の状況を詠っている。惟規は女と逢瀬を持つことが出来たらしい。

「まだ知らず」と詠む歌は少なくないが、惟規は伯父為頼の「まだ知《し》らぬこひの山路《ぢ》にまどふかな　里《さと》へもさそふ人もあらなん」（『為頼集』六八）を参考にしたのだろう。この歌のように、草木が繁茂した山に迷い込むさまは、盲目の恋に落ちることの喩として詠まれる。先のことも分からず恋に落ちてしまった自分を、惟規は「心をさなし」と詠う。

「心をさなし」は二七番歌にも詠み込まれており、惟規が好んだ表現らしい。和歌での先例は「子《こ》の子《こ》にて心をさなく問《と》はずとも　親《おや》の親《おや》にてうらむべしやは」（北野天満宮本『拾遺集』雑下・一三五九　よみ人しらず）の一首だけだが、当歌との共通点は見出だし得ない。散文では『竹取物語』・『宇津保物語』に各一例、『源氏物語』には「心をさなげ」「心をさなさ」など変形四例も含めると計一七例認められる。その用例の多くは、大人の精神的な未熟さをいう場合に用いられている。例えば「宮す所の知り給はざらむも罪得がましう、かく聞きたまひて、心をさなくとおぼしの給はむもわびしければ」（夕霧巻）は、落葉宮が、夕霧と契りを結んだことを母御息所に打ち明けようか躊躇う場面。もし打ち明けたらば、母は自分のことを思慮が浅いと思うだろうと憂慮しているのである。身体も精神も未成熟な子どもの思慮の浅さは、「心」と限定することなく、ただ「をさなし」と表現されることが多い。

いい年をした大人の自分が、思慮分別もなく恋に溺れてしまった。こんな恋は初めてだと、青年のように初々しい情熱を女にアピールしているのである。壮年の男が初な恋心を訴えるのは恋歌の常套である。

最後に表現について付言しておく。藤原公任が『新撰髄脳』に「かも、らしなどの古詞などは常に詠むまじ。」と記しているが、その記述通り、「けらし」も『万葉集』ではよく使われているが、平安時代の用例はそれに比べると随分と少ない。しかし河原院グループ歌人たちは「けらし」を積極的に用いている。曾禰好忠・大中臣能宣は四首、平兼盛・源道済は三首に詠み込んでいる。また、「深山」の用例も好忠の八首が突出しており、藤原公任の五首、『和泉式部集（正・続）』の四首、藤原元真・平兼盛・大中臣能宣・恵慶法師・藤原長能・藤原高遠・源重之女・源道済の三首がそれに続いている。当歌にも河原院グループの影響が見て取れる。

　　うすにひにはへりしころをなしやうなることをふたかたに思ふときゝし人に

二六　ひとへたにつゆけきものをかさねきる　うすゝみころもいかにそほつや

【釈文】

　薄鈍に侍りしころ、おなじやうなることを、二方に思ふと聞きし人に

一重だにつゆけきものを重ね着る　薄墨衣いかにそぼつや

【通釈】

薄鈍の喪服を着ていました頃、私と同じような悲しみを、二人の方に対して抱いていると聞いた人に

一枚の喪服でさえ涙に濡れてつゆっぽくなっているのに、重ねて着ているあなたの薄墨色の喪服は、一体どれほど濡れそぼって色が濃くなっているのでしょう。あなたの悲しみの深さが思いやられることです。

【語釈】

〇**薄鈍**　「うすにぶ」とも。鈍色の薄いもの。また、その色の衣服。多く喪服・僧服に用いる。〇**二方に思ふ**　二人の方の死を悼む。「母《はは》がおもひにて詠《よ》める」（『古今集』哀傷・八四〇詞書）のように、喪のことを「おもひ」と言う。〇**一重**　それ一枚だけで重ならないこと。一枚。〇**つゆけき**　つゆっぽい、しめっぽい。涙に濡れる。〇**薄墨衣**　薄い墨色に染めた衣服。喪服。〇**そぼつ**　濡れる。

【鑑賞】

自分と同じように喪に服する知人に贈った歌。同様の状況で詠まれた歌は少なくない。

はらからの失《う》せたるころ、又はらからにおくれておなじ思ひなる人に
言《い》ふかひもなき世《よ》の中《なか》のはかなさは　君《きみ》ばかりこそ思《おも》ひしるらめ　（『道命阿闍梨集』一四八）

おなじころ、ながむなどしてつれづれなりしかば、おなじ思《おも》ひなる人のもとに
身はことに色《いろ》はおなじき藤衣《ふぢごろも》　袖にて知《し》りぬ思《おも》ふこころは　（『道済集』四六）

おなじやうなる人にやる
春《はる》くれば霞《かすみ》の衣《ころも》みしながら　たちいらぬことを君《きみ》は思《おも》ふや　（『為信集』一〇）

詞書の表現にも類型があったことが知られるが、中でも『為信集』の例は当歌と傍線部が一致しており注目される。為信歌は、春の風物の霞を詠う語であった「霞の衣」を喪服の意で詠んでいるが、紫式部の歌にも同様の例がある。「なにかこのほどなき袖《そで》をぬらすらん　霞《かすみ》の衣《ころも》なべてきる世に」（『紫式部集』四一）は、夫の喪と東三条院の喪とが重なった折の歌。また、『源氏物語』にも「木の下のしづくにぬれてさかさまに　霞《かすみ》の衣着たる春かな」（柏木巻・五

○七　致仕大臣（頭中将）など複数の用例が認められる。

当歌と紫式部歌とに共通する表現もある。「薄墨衣」の用例は他に「限りあれば薄墨衣《ごろも》あさけれど　涙ぞ袖《そで》をふちとなしける」（『源氏物語』葵巻・一一九　光源氏）のみである。為信・紫式部・惟規の歌の関係はやはり興味深い。

また、「一重だに」という表現は、曾祖父兼輔の「御門の御服《ぶく》に親《おや》のを重《かさ》ねてして、貫之が来《き》たりけるに詠《よ》みてやりける／一重《ひとへ》だに着《き》るはわびしき藤衣　重《かさ》なるあきを思ひやらなん」（『兼輔集』一二一）を引いたのだろう。親族の作歌との密接な影響関係が窺われる歌である。

惟規達は、どのような間柄の人を失ったのであろう。惟規は「薄鈍」の喪服を、歌を贈った相手も「薄墨」の喪服を着ているという。法令では喪服の色を定めていないが、故人との間柄の深浅によって色の濃淡は慣例化していたようである。『宇津保物語』に、故季明が孫の袖君を養子にしていたと知り、実忠の妻（袖君の母）が「かく承らましかば、この侍る人（袖君）にも、重き御服をこそ着せはべるべかりけれ。」と語るくだりがある（国譲中）。親の喪には黒の喪服を着用していたことが窺える。また『源氏物語』には、葵上を失った光源氏が「鈍める御衣たてまつれるも夢の心ちして、われ先立たましかば、深くぞ染め給はまし、とおぼすさへ／限りあれば薄墨衣あさけれど　涙ぞ袖をふちとなしける」（葵巻）と歌を詠むくだりがあり、夫の喪には濃色の喪服を、妻の喪には薄色の喪服を着用していたことが窺える。この他、叔父・叔母、兄弟姉妹の喪にも薄鈍の喪服を着用していたらしい。子を失った際の喪服については未詳である。また、仕えた主人の喪の場合、色の濃淡は自由に選べたようである。

惟規は薄鈍の喪服を着ることが殆どなのであるが、それを当歌は「薄鈍」「薄墨」と重ねて示し、色の薄さをことさら意識しているように思われる。色の「薄さ」が意識されるのは、それが二人の関係の親密さや悲しみの深さに適っていないと感じるからで、そのように感じる相手としてまず考えられるのは妻や恋人であろう。先に挙げた光源氏の歌のように。惟規も、歌を贈った相手も、いとしい女を失ったのではなかろうか。しかも歌の相手は、同時に二人の女を――。『令義解』には「夫妻為服三月。次妻無服也。」と記されており、夫は正妻以外の女性の喪には服さないことになっている。しかし、『北山抄』には「近代例、為養父母為重喪、為本生父母為軽喪、此事大違法式」と、当時の実情が記されている。必ずしも法令が遵守されていたわけではなく、夫が正妻以外の女性の喪に服すこともあったのではないか。

　恋人が何人もいたのであれば、女たちから薄情だと恨まれることもあっただろう。しかし惟規は、一人の女性を失った自らの悲しみの深さから、二人の女性を失った男の、一層深い悲しみに思いをはせる。二人の女を同時に、深く愛することはできるのである。二人の女性を心から愛した男への共感。そこには惟規自身の生き様も反映されていよう。

　最後になったが、当歌と表現の重なる歌に「一重《ひとへ》だにあつかりつるを夏衣《なつごろも》重《かさ》ね着《き》るまで秋風《かぜ》ぞふく」（『相模集』二六）がある。当歌を参考に詠んだのかもしれない。

二七　はしたかのすかへるたつみ山のはしをしらて　心をさなくいれかつみなり

　　やむ事なき人のもの、たまひける人なるへし

【本文整定】

　近年、仁平道明氏によって、鎌倉末から南北朝時代の書写と推定される伝為藤筆惟規集断簡が二葉紹介された（『汲古』第48号、50号）。これらは、現存する近世書写の惟規集の伝本（宮内庁書陵部本・高松宮家旧蔵国立歴史民俗博物館現蔵本）の祖本的位置にあるものとされる、格段に書写年代の古い貴重な本文資料である。そして、このうちの一葉が当該歌なのである。この断簡によって、本文批判を試みる。断簡本文は次の如くである。

　やむ事なき人のもの、たまひける○人なるへ

し
はしたかのすかへるたつみ山のはしをしらて
心をさなくいれか《るとん》つみなり本に本と

このままでは、五七五七七にならない。「すかへるたつみ山のはしをしらて」の部分が三音多く、意味不明になっている。それゆえ、書写者は歌の後に「本に本と」、すなわち「自分の書写した親本にすでに、〈元にした本のままに写した〉と書いてある」と書き付けたのである。

注意して見ると、歌の一行目の「たつみ」、これとほぼ同じ高さの次の行に、「かつみ」という字句がある。歌の一行目の「すかへる」を書いた後、次の行のほぼ同じ高さにある「かつみ」に目移りし、「すかへるたつみ」と誤写したのではないか。「か」の字母「可」、あるいは「か」の傍書「る」の字母「留」は、縦長の字形で書いてあると、「た」（多）に見誤る可能性がある。

また、今触れたように、歌の二行目「か」には「るとん」、すなわち「るとも」の傍書がある。「ん」（字母「无」）は、平安時代から鎌倉初期にかけては「mu」「mo」の音節をも表わし、「とん」は「tomo」の音節を表わすのによく用いられている。「いれかつみ」ではなく「いれるつみ」という異文もあるという傍書なのである。「とも」を「とん」と表記してあることから、この傍書自体すでに親本に書かれていた、古い時代からの傍書であった可能性がある。ちなみに、『私家集大成』は「ると歟」と翻刻しているが、仁平氏蔵断簡をみるかぎり「歟」ではなく「ん（无）」とすべきであろう。

かくして、この一首は「はしたかのすかへる山のはしをしらて心をさなくいれるつみなり」という歌であったと想定される。この歌形で注釈をおこなうこととする。

なお、犬井善壽氏は「やむごとなき…」を二六番歌の左注とされているが、「やむごとなき人」が歌の内容に関わるのは二七番歌であり、その詞書と考えるのが妥当である。また氏は、二七番歌の「しらで心をさなく」という本文は「直前に載る（筆者注：傍点を私に付した）」二五番歌の本文が混入したものであり、二七番歌は複数の歌が混合したものだと述べられている（『藤原惟規集』現存諸資料本文試解覚え書き」）。しかし、二五番歌は直前にあるとは言い難い（現存二写本での位置は、二五番歌は五丁オ、二七番歌は五丁ウである）。二五番歌と二七番歌とでは「しらで心をさなく」が記されている位置の高低も異なり、〈こころ〉の表記も「こゝろ」「心」と異なる。目移りによる誤写、複数歌の混合とは考え難い。

【校訂本文】

やむごとなき人の、もののたまひける人なるべし

はし鷹のすがへる山のはしを知らで　心をさなく入れるつみなり

【通釈】

高貴な男が情を交わしていた女だったのだろう

はし鷹が古巣に帰って来た、その古巣のある山の端だとも知らないで、愚かにも入り込んでしまった雀鷹（つみ）のような私だ。はし鷹のような高貴なお方がよりを戻した古巣の女だとも知らず、恥知らずに愚かに言い寄った私は、小さな雀鷹（つみ）のようにみっともなく罪な男だ。

【語釈】

○もののたまひける　「ものいふ」の尊敬表現。男女が情を通わせる。男が女に通う。**○はしたか**　ハイタカ（灰鷹）。小型の鷹で、鷹狩りに用いられた。「はしたかのすずろあるきにあらばこそ　かりとも人《ひと》の思《おも》ひなされめ」（『清正集』二二）のように、鷹の脚につける「鈴」に「すずろ」を掛けたり、「かずならぬ身《み》ははしたかのすずか山　とはぬになにの音《おと》をかはせん」（『小馬命婦集』三九）のように、「はしたなし」を掛けたりもする。**○すがへる**　もとの巣に帰る。古巣に帰る。**○はしを**　「山の」からの繋がりで「山の端《は》」を意味しつつ、かつ「知らで」への繋がりから「恥を知らで」を掛ける。**○つみ**　罪。また、「はしたか」の縁語として、それより小形の鷹「ツミ（雀鷹）」が掛けられ

ている。「とやがへるつみもやあると思《おも》ふにも　いかで衣《ころも》の玉《たま》を知《し》りけむ」（『四条宮下野集』一九八）。

【鑑賞】

惟規が没する一〇一一年頃までに「はしたか」を詠んだ歌は約二〇首。作者には源順・平兼盛・大中臣能宣・恵慶法師・清原元輔・源道済など河原院グループ歌人が目立つ。

「忘《わす》るとは恨みざらなんはし鷹の　とがへる山の椎《しひ》はもみぢず」（『兼盛集』四八）のように「とがへる」と共に詠み込む歌が少なくない。「とがへる」の「と」は「鳥屋（とや）」、すなわち鷹の飼育小屋。毎年鷹の羽が抜け替わる期間、鳥屋の中に鷹を閉じこめておく。そこから帰るとは鳥屋から出ること、すなわち羽が抜け替わり羽色が変わったことを意味し、さらに心変りを暗喩する。しかし、当歌は「すがへる」である。

「すがへる」を詠み込んだ歌には、「…身《み》ははしたかの　すずろにて　なつくる宿《やど》の　なければぞ　古巣《ふるす》にかへる　まにまには…」（『蜻蛉日記』五九　藤原兼家）がある。はし鷹の鈴のようにすずろ、つまり道綱の母と他の女性たちの嫉妬のはざまで落ち着かない状態の兼家であるが、他に馴染みの家もないので、古巣である道綱の母のところに帰るしかない、という意。「すがへる」は、男が前から関係のあった女性の元にもどることの暗喩になっている。この歌の「すがへる」の語感を、当歌は引き継いでいよう。惟規が横恋慕した女性の相手の男は、兼家と同じ位高貴な男だったのだろうか。しかし、その男の喩として詠む「はしたか」は、同じく鷹狩りに用いられる「大鷹」ではなく、「すずろ」や「はしたなし」を導く序として詠まれる「小鷹」の部類に入る鷹である。高貴な身分とはいえ、大した男ではないということか。当歌の「はしたか」に込めた思いやいかに。それにしても、横恋慕した惟規自身は、「はしたか」よりもさらに小さい「つみ（雀鷹）」に喩えられている。自己卑下というか、自虐的諧謔を弄んでいる趣。

当歌の「はしをしらて」は、「山の」からの脈絡で「山の端《は》」を意識させながら、「恥《はぢ》をしらで」の意を掛けている。「わが庵《いほ》は都《宮こ》のたつみしかぞすむ　世をうぢ山と人はいふなり」（『古今集』雑下・九八三　喜撰法師）、この歌では「うぢ」に「うし」が掛けられている。「ぢ」「じ」を掛けて詠む趣向は先の二四番歌にも用いられていた。雀鷹《つみ》が山の端に入ったところ、そこは自分より大きなはし鷹の縄張りだった。とんだ恥をかいてしまった惟規である。

惟規より後代の歌であるが、「とやがへるつみもやあると思《おも》ふにも　いかで衣《ころも》の玉《たま》を知《し》りけむ」（『四条宮下野集』一九八）の「つみ（雀鷹）」には「罪」の意が掛けられている。無論、当歌の「雀鷹《つみ》」も横恋慕の「罪」を背負っていよう。

ちなみに、『源氏物語』においては、「八百よろづ神もあはれと思ふらむ　犯せる罪のそれとなければ」（須磨巻・二一七　光源氏）・「くやしくぞつみをかしけるあふひ草　神のゆるせるかざしならぬに」（若菜下巻・四九二　柏木）のように、光源氏と藤壺の密通および柏木と女三宮の密通を「罪」と詠んでいる。手の届かぬ女性との道ならぬ恋を詠む点、当歌と通底しており面白い。惟規と紫式部の歌には影響関係があると思われる。

ところで、女性の元を訪れるさまを山に分け入るさまにたとえる詠み方は、前の二四・二五番歌に通じる。二五番とは「知らで／心をさなく」という表現も共通している。当歌はこれらの歌と一連の作かもしれない。さらに、二四番歌は二三番歌に連続しているようにも思われるので、二三・二四・二五・二七が一連の作の可能性がある。


わかきひとををやのたのめけれはわつらふころ

二八　わか葉さすすいはねのまつのをひすゑ《すゑ》を　むまれゆくみのいかゝたのまむ

【釈文】

若き人を、親の頼めければ、わづらふ頃

若葉さす岩根の松のおひすゑを　生まれゆく身のいかが頼まむ

【通釈】

若い人を、親が頼りにさせたので、患っている頃
大きな岩の根本で若葉を芽生えさせた松のように、祖父のもとで成長してゆく我が子の将来を、後世に生まれ変わってゆく私はどうして頼りにすることができようか。

【語釈】

○さす　草木の芽・枝などが生え出る。のびる。**○岩根**　岩の根本。また、大地に根をおろしたような大きな岩。永遠盤石の「岩根」は長寿の象徴であり、同じく長寿の象徴である「松」と共に詠まれる。**○松**　長寿の象徴。「人《ひと》のむすめの裳着《もぎ》に詠《よ》める／この春《はる》ぞ枝《えだ》さしそふるゆくすゑの　ちとせをこめて生《お》ふる姫松《ひめまつ》」（『躬恒集』一九四）のように、「ゆくすゑ」と共に詠まれることも多い。**○いかが頼まむ**　「つれづれと思へばうきに生《お》ふる葦《あし》の　はかなき世をばいかがたのまむ」（『拾遺集』雑恋・一二四八　よみ人しらず）のように、反語表現として詠まれる。

【鑑賞】

惟規は高齢の父を気遣ってその任国越後に向かったが、道中病に倒れ、到着後間もなく没したという。家集には下向途中に詠んだと思しい作（二一・二二）が収められている。当歌は到着後に詠んだものだろう。

詞書によると、為時は病気の惟規に「若き人」を頼るよう促したという。歌の中には若葉の芽生えた松が詠まれているが、これは「人《ひと》のむすめの裳着《もぎ》に詠《よ》める／この春《はる》ぞ枝《えだ》さしそふるゆくすゑの　ちとせをこめて生《お》ふる姫松《ひめまつ》」（『躬恒集』一九四）のように、幼い子どもの比喩として詠まれることが多い。「若き人」とは惟規の子どもを指しているのだろう（『尊卑分脈』によれば、惟規には二人の子がいた）。「消《き》えぬべきいのちなれども露《つゆ》の身《み》の　おくなる吾子《あこ》をまつとこそ経《ふ》れ」（『檜垣嫗集』五）のように、子を思う気持ちは親の命を長らえさせる。為時は惟規の親心をかき立て、生きる気力を湧かせようとしたのだろう。しかし惟規は自分の死が近いことを悟っていたらしい。松が根差している「岩根」は長寿の象徴だから、病床の惟規ではなく高齢の「親」為時のことを指していると思われる。つまり惟規は、祖父のもとで育つ我が子の姿を想像しているのである。為時の計らいはむなしい。

当歌では「ゆくすゑ」ならぬ「おひすゑ」という珍しい表現が使われている。長寿の象徴の松は「松もおいてまた苔《こけ》むすに石清水　行末とほくつかへまつらん」（『貫之集』八〇六）のように、「生ふ」と共に詠まれることも多い。また、「いたづらに老いにけるかな高砂の　松やわが世のはてをかたらむ」（『貫之集』一九九）のように「老ゆ」と共に詠む歌や、「大弐国章《くにのり》の朝臣の母《はは》が賀《が》し侍りしに、詠《よ》みて侍りし／今日よりは二葉《ば》の松ぞむつましき　君とともにしおひんとすれば」（『元輔集』三九）のように〈生ひ〉と〈老い〉を掛けて詠む歌も散見される。「ゆくすゑ」が抽象的な表現であるのに比して、「おひすゑ」はその語感によって、人の姿を具体的にイメージさせる。惟規は幼い我が子が青年・壮年になった姿を思い描いているように思われる。

「生まれゆく身」も他に例のない特異な表現である。「生まる」という語からは幼い子どもの姿が想起されるけれども、「いかがたのまむ」の主格だから惟規自身のことを指している。「契《ちぎ》りありてまたはこの世《よ》に生《う》まるとも　面《おも》がはりして見《み》もやわすれむ」（『実方集』一四九）と詠まれるように、当時は輪廻転生思想が浸透していた。死期の迫った惟規は、やがて「生まる」身といえるのである。また、「ゆく身」は「いま幾日《いくか》ありとも見えぬ年《とし》よりも　ふりゆく身こそ悲《かな》しかりけれ」（『斎宮女御集』八八）のように、死に近づいてゆく身を詠むことが少なくない。惟規は死んでこの世から去ってゆく我が身を、新たに生まれる者として捉えている。

幼い我が子はやがて年老い、死にゆく我が身は新しく生まれ変わる。惟規は自らの死を、延々と続く生命の営み、繰り返される生き死にの一端として、巨視的に捉えているように思われる。

当歌には『源氏物語』との密接な影響関係が窺われる。一〇一一年頃までの「若葉」の用例は一〇首弱。そのうち三首が『源氏』の歌で、中でも特に「若葉さす野辺《べ》の小松をひきつれて　もとの岩根をいのるけふかな」（若菜上巻・四六一　玉鬘）が注目される。この歌は玉鬘が源氏の四十賀を祝って詠んだもので、初老の源氏は「岩根」に喩えられ、源氏の孫ともいえる玉鬘の子どもは「若葉」に喩えられている。使われている語も、そこに準えられた人間関係も当歌と通じているのである。また、「おひすゑ」の用例は他に「命あらばそれとも見まし人しれぬ　岩根にとめし松の生ひすゑ」（『源氏物語』橋姫巻・六三一　柏木）の一首だけである。この歌は柏木が薫宛ての遺書の中に認めたものだが、ここに詠われた病臥した柏木自身・残してゆく我が子（松）・その子を育てる老年の光源氏（岩根）という人間関係も、当歌の「わづらふ」惟規・我が子（若き人／若葉）・老年の為時（親／岩根）という関係と重なるのである。

なこりかきたえたる人のもとに

二九　たゆとてもかくやはたゆるあつまちの　いそねのはしのかけてたにあらて

【釈文】

なごりかき絶えたる人のもとに

絶ゆとてもかくやは絶ゆる東路《あづまぢ》の　いそねの橋のかけてだにあらで

【通釈】

消息が全く途絶えてしまった人のもとに

絶えるといってもこのように絶えてしまうものでしょうか。東国の磯根の橋さえ、まだ少しも架けていないのに。あなたの元へ通って仮初めに寝るということもなかったのに。

【語釈】

○なごり　名残。「波残り」の変化したものといわれる。①浜、磯などに打ち寄せた波が引いた後、まだあちこちに残っている海水。②物事の過ぎ去った後、なお残る気分や気配。余情。余韻。**○かき絶え**　全てが絶える。音沙汰がなくなる。「むげにおとづれ給《たま》はぬころ／蜘蛛手《くもで》さへかき絶《た》えにけりささがにの　いのちをいまはなににかけまし」（『馬内侍集』二七）のように「書き絶え」を掛け、〈文が途絶える〉意と〈関係が途絶える〉意を重ねて恋歌に詠まれる。〇**東路**　都から東海道、または東山道を経て関東・奥羽地方へ通う道筋。転じて東国地方一般。東国には歌枕が豊富にあり、「筑波山」など恋歌の中で想いを託す景物が多い。「あづまぢにゆきかふ人にあらぬ身は　いつかは越《こ》えむ相坂の関」（『後撰集』恋三・七三二　小野好古女）と詠まれるように、その入り口「逢坂の関」からが恋の想いを託す歌枕である。〇**いそね**　未詳。おそらく「磯根」であろう。「ね」に「寝」を掛ける。後代の作だが『義経記』に「上総国讃岐の枝浜を馳せ急がせ給ひて、磯が崎（田中本は「いそねかさき」としている）を打通りて、篠部、いかひしりと云ふところに著き給ふ。」（巻三）とあり、これは千葉県佐貫町の磯根崎のことだという。これと同一の地か。
〇**橋**　「わすらるる身をうぢばしの中たえて　人もかよはぬ年ぞ経《へ》にける」（『古今集』恋五・八二五　よみ人しらず）・「人わたす事だになきをなにしかも　長柄《ながら》の橋《はし》と身のなりぬらん」（『後撰集』雑一・一一一七　七条后）のように、橋を架けること、渡ることは、男女関係を結ぶことの喩として詠まれる。また、「雪ふかき山のかけ橋君ならで　またふみかよふあとを見ぬかな」（『源氏物語』椎本巻・六四六　大君）のように、「橋」の縁語「踏み」に「文」を掛けて詠む歌も多く、当歌もそのイメージを響かせる。〇**かけて**　「（橋を）架けて」と副詞「かけて（少しでも、かりそめにも）」を掛ける。

【鑑賞】

「東路」を詠んだ歌では「東路《あづまぢ》のさやの中山なかなかに　なにしか人を思ひそめけむ」（『古今集』恋二・五九四　紀友則）がよく知られているが、定数歌作者には「日《ひ》次《つ》ぎもの絶《た》えず供《そな》ふるあづまぢの　瀬田《せた》の長橋《ながはし》音もとどろに」（『兼盛集』一〇五）・「あづまぢの田子《たご》の浦波《うらなみ》春《はる》立《た》てば　岸《きし》のうへにさく花《はな》かとぞ見《み》る」（『能宣集』一八六）など、水辺の景を詠んだ歌が目立つ。惟規はその影響を受けたのかもしれない。

当歌に詠まれた「絶ゆ」の縁語は一つだけではない。「根」しかり、「橋」しかり。いずれも男女関係を暗示する語である。しかし、これらの語を含んだ「いそねの橋」を架けてさえいなかったというのだから、惟規はまだ女と逢っていなかったのだ。絶えたのは「根」でも「橋」でもない。

絶えたのは詞書にある「なごり（残波）」、つまり水である。橋を架ける前提条件となる水から絶えてしまったというのであるが、これを男女の恋に置き換えて考えるならば、女のもとに通って共寝する前の段階、つまり文のやりとりが絶えてしまったということだろう。「かき絶え」は、歌の中で「書き絶え」を掛けて詠まれることが多い。また、水を表す歌語の中には「水茎（手紙）」があり、「かき絶《た》えてやみやしなましつらさのみ　いとどます田の池の水茎《ぐき》」（『落窪物語』八　道頼）という用例もある。直接詠み込まれてはいないが、絶えてしまった水の流れには、文通のイメージを響かせているように思われる。

惟規は根・橋・水と、「絶ゆ」の縁語となるものを三つも詠み込み、それと合わせるように「絶ゆ」も三度繰り返して使っている。女との接点が、それこそなごりなく絶たれてしまったことを強調しているのであろう。女の拒絶ぶりは相当徹底していたのだろうか。「やは」は強い疑問を表す。こんなにも徹底して拒絶され、縁を絶たれることがあるのか――。なす術もなく呆然としている惟規の姿が目に浮かぶようである。

三〇　なてしこのそのはなにしかあらすして　てにとりもちてこふたひなてん

【釈文】

なでしこのその花にしかあらずして　手に取り持ちてこふたびなでん

【通釈】

「撫でし子」という名をもった、そのなでしこの花ではあなたはないのに、あなたに逢いたいと願い我が手に持って祈るたびに、あなたを恋しく思うたびに、あなたのかわりに愛しみ撫でることだろう、そうしよう。

【語釈】

○なでしこ　ナデシコ科の多年草。夏の終わりから秋の初めにかけて、可憐な薄赤色の花が咲く。秋の七草のひとつ。カワラナデシコ、ヤマトナデシコ、トコナツ（常夏）とも。『万葉集』以来、「撫でし子」を掛けて、女性、幼い子を意味する。「草の花は　撫子。唐のはさら也、大和のもいとめでたし。」（『枕草子』）。**○しか**　そのように、このように。平安時代には「さ」が一般的に用いられ、「しか」は漢文訓読文で用いられた。「わが庵《いほ》は都《宮こ》のたつみしかぞすむ　世をうぢ山と人はいふなり」（『古今集』雑下・九八三　喜撰法師）**○して**　接続助詞。〜の状態で（状態）。〜ので（原因・理由）。〜のに（逆接）。ここは逆接の意。**○こふ**　撫子を詠み込んだ脈絡から「恋ふ」の意を含ませていると考えられる。しかし、「恋ふ」（上二段活用）の連体形は「こふる」。ここは「祈ふ」「乞ふ」（四段活用）であろう。「乞ふ」「祈ふ」は、物を求める、神仏に祈願して何かを求める、の意。**○なで**　撫で。**○ん**　助動詞「む」。推量と意志の意の使い分けは近世中期に始まった。人の心のありように対する意識が変わったのである。それ以前では、推量・意志の意味を今のように明確には区別しなかった。当歌においても、推量と意志の意味は混然一体である。

【鑑賞】

当歌は「なでしこがその花《はな》にもが朝《あさ》な朝《さ》な　手《て》に取《と》り持《も》ちて（手取持而）こひぬひなけむ」（『万葉集』巻三・四一一・四〇八　大伴家持）をもとに詠まれている。この歌は『古今和歌六帖』にも収められているが、「なでしこのその花にもかあしるあしる　手《て》に折《を》り持ちてこふるひなけん」（三六二〇）と、表現を異にする。万葉調は惟規歌の特徴のひとつだが、惟規は『古今和歌六帖』を介してではなく、『万葉集』そのものを読んでいたことを窺わせる（一二三番歌【鑑賞】参照）。

また、『万葉集』には「なでしこが花《はな》とり持《も》ちてうつらうつら　見《み》まくのほしき君《きみ》にもあるかも」（巻二〇・四四四七三・四四四九　治部卿船王）——なでしこの花を手に取り持って、目の当たりにはっきりと見たいと思うように、美しい顔をはっきり見たい、お逢いしたいと思う貴女であるなあ——という歌がある。いとしい女性の身代わりに撫子の花を手に取り持つという発想が共通している。惟規はこの万葉歌をも意識していたか。

「しかあらずして」は当歌の独自表現である。これと似た「しかはあれど（そうではあるが）」を詠んだ歌は二首、「年ふればよはひは老《お》いぬしかはあれど　花をし見ればもの思ひもなし」（『古今集』春上・五二　藤原良房）・「紅葉葉《ば》のにほひはしげししかはあれど　まつなしの木を折《を》りてかざさん」（『古今和歌六帖』四二六六）がある。しかし、いずれも恋歌ではなく、当歌との影響関係はないようである。あるいは、「〜ならずして」という表現を踏まえたのであろうか。「むすびてし玉裳《たまも》のこしをゆるしなく　われならずして誰《たれ》か解《と》きけむ」（『輔親集』四五）・「くらべこし振分髪も肩すぎぬ　君ならずして誰かあぐべき」（『伊勢物語』二三段・四八）など、恋人に代わりとなる者はいないのだと詠むところ、当歌と通じる作もある。また、「しか」と「あり」を共に詠み込んだ歌は「香具山《かぐやま》は　畝傍《うねび》ををしと　耳梨《みみなし》と　あひ争《あらそ》ひき　神代《かむよ》より　かくにあるらし　いにしへも　しかにあれこそ　うつせみも　つまを　争《あらそ》ふらしき」（『万葉集』巻一・一三・一三　中大兄）・「逢《あ》はなくはしかもありなむ玉梓《たまづさ》の　使《つか》ひをだにも待《ま》ちやかねてむ」（『万葉集』巻一二・三一一七・三一〇三）など、『万葉集』に多く認められる。漢文訓読語「しか」を使ったこの表現も万葉調の古体をねらっているように思われる。

先述の通り、惟規は万葉集歌をもとに当歌を詠んでいるけれども、歌の発想をそのまま用いてはいない。万葉集歌のように、女郎花と女性をひとえに重ねて愛でてはいない。いとしい人は女郎花ではないのだと、まず現実を理性的に捉えているところに当歌の独自性があり、またそこが出色の点であろう。女郎花をいとしい人に準えても無駄だと理性では分かっている。それでも心は自ずと女郎花の中にいとしい人の姿を認め、愛しんでしまうのである。屈折した複雑な恋心を捉えた歌である。

さて、これまでは「撫子」を詠んだ脈絡から「こふ」を「恋ふ」と解釈してきたが、「恋ふ」が体言「たび」に掛かるのであれば、「こふる」と活用されるはずである。連体形が「こふ」という形をとるのは四段活用の「乞ふ」または「祈ふ」である。

「手に取る」・「取り持つ」という表現は『万葉集』に多く、先に挙げた家持・治部卿船王歌のように、撫子と共に詠んだ歌もある。しかし、その多くは「木綿《ゆふ》たたみ手《て》に取《と》り持《も》ちてかくだにも　我《あれ》はこひなむ君《きみ》に逢《あ》はじかも」（巻三・三八三・三八〇　大伴坂上郎女）・「…まそかがみ　手《て》に取《と》り持《も》ちて　天《あま》つ神《かみ》　あふぎこひのみ…」（巻五・九〇九・九〇四）のように、恋人や我が子のことを神に祈る様を詠んだ歌である。そこには右の歌のように「祈ふ」が共に詠み込まれることが少なくない。当歌の「こふ」には、「恋ふ」と「祈ふ」とが掛けられていよう。惟規は、女自身を撫でる日が来るよう祈りつつ撫子を撫でたのであろう。

三一　金　いけにすむなを〻しと《ワカナヲ、シノ》りのとりかへす　ものともかなやひとをうらみむ《シ》

【釈文】

池にすむ名ををしどりの取り返す　ものともがなや人をうらみむ

【通釈】

池に住む鴛鴦ではないけれど我が名が惜しく、取り返したいものだなあ。そして、あなたに再び逢いたいなあ。…でも今は、あなたを恨んでしまいそうです。

【語釈】

〇名　噂、評判。和歌では恋の噂として詠まれることが多い。**〇をし**　「鴛鴦」と「惜し」とを掛ける。「惜し」と「名」とは縁語。「鴛鴦」は雄雌常に離れることがなく仲がむつまじいので、古来恋歌の題材となってきた。**〇取り返す**　「鳥」を掛ける。**〇もがな**　願望の意を表す終助詞。～であればなあ。**〇うらみむ**　「うらむ」は、相手に対する激しい憤怒や遺恨を表す場合もあるが、和歌では、対象がこちらの望む状態でないことへの不満を表すことが多く、恋歌では男女関係のよりよい状態を望む心情を込めて詠まれる。「わたつ海に深き心のなかりせば　何かは君を怨み

しもせん」（『後撰集』恋一・五八四　よみ人しらず）

【鑑賞】

当歌と次の三二番歌は共に『金葉集』に収められている。家集の末尾にその二首が並んでいるため、一見後人が補入したもののように思われる。しかし、これは『金葉集』編纂以前から家集に収められていたと考えられる。『金葉集』三奏本では、三一番歌は「いけにすむわが名をしのとりかへす　物にもがなや人をうらみむ」（恋・四〇七）という形で収められており、家集の本文と表現が異なる。また、三二番歌は収められていない。三奏本による当歌の傍書、三二番歌の補入は考えられない。二度本は「いけにすむわがなをしのとりかへす　物ともがなや人をうらみじ」（恋上・三九二）と、家集の傍書と同じ表現をとり、三二番歌も収めてはいる。しかし、三二番歌は第三句を「やちかへり」としており、家集の本文と表現を異にする。二度本による当歌の傍書、三二番歌の補入も考えがたい。三一・三二番歌は元来家集に収められており、後世の書写者が『金葉集』二度本によって三一番歌の集付け・傍書をしたと考えるのが穏当であろう。

なお、二度本ではこれら二首に「人を恨《うら》みてつかはしける」という同じ詞書が付されている。『金葉集』編纂に用いられた資料にも、三一・三二番歌は一連の作として並記されていたと思われる。『金葉集』の撰者は源俊頼。その歌論書『俊頼髄脳』には、惟規が斎院に閉じこめられたという逸話や臨終時の逸話のほか、他資料にはない「人知れず思へばうける言の葉も　つひにあふせのたのもしきかな」（四二七）という惟規の歌が収められている。俊頼のもとには惟規に関する説話や和歌が多く集められていたらしい。

惟規は恋の噂が広がってしまったことを気に病み、女を恨んでしまいそうだという。噂を理由に別れを告げる歌が前にあったが（一五）、当歌でも噂が広まったのは女のせいだと恨み、別れて噂を鎮めようというのだろうか。どうやらそうではないらしい。

当歌は「池にすむ名ををし鳥の水をあさみ　かくるとすれどあらはれにけり」（『古今集』恋三・六七二　よみ人しら

ず）を本歌とする。『古今集』恋部は恋愛の展開に即して歌を配列しているが、この歌の後、恋歌第四部には、逢瀬後に募る恋しさを詠む歌が収められている。つまり、この古今集歌は恋愛関係の始まりを詠んだ歌なのである。「池に住む」と詠んだ歌にはこの他、「冬の池にすむにほ鳥のつれもなく　そこにかよふと人に知《し》らすな」（『古今集』恋三・六六二　凡河内躬恒）・「冬の池にすむにほどりのつれもなく　氷の下を我《われ》はかよはん」（『古今和歌六帖』七七三）・「君が名《な》もわが名もたてじ池《いけ》にすむ　鳰といふ鳥の下《した》にかよはん」（『古今和歌六帖』一五〇一）がある。いずれも、噂を気にしつつも女のもとに通い続ける男の歌である。「池に住む」という表現には、かかる発想が付随していたと思われる。

「名ををしどりの」という表現も、「浮《う》かぶとも沈《しづ》むともなきみなそこに　名《な》ををしどりのそこにとぞ思ふ」（『古今和歌六帖』一四八二　紀貫之）・「思《おも》へども名《な》ををしどりのたちかへり　とまるしあらばゆきははなれじ」（『敦忠集』一三）・「沈《しづ》むとも浮《う》かぶともなほみなそこに　なををし鳥の共にこそおもへ」（『貫之集』六九〇）と詠まれており、同様の発想を伴っていたと思われる。ちなみに、『金葉集』二度本の本文「わがなををしの」と類似する表現を持つ「きみが名もわが名もをしのひとつがひ　おなじ江《え》にこそ住《す》ままほしけれ」（『古今和歌六帖』一四七九）という歌も、同様の発想で詠まれている。

次に「とりかへす」という語である。惟規が没する一〇一一年頃までの用例は約五首。その中の「とりかへす物にもがもやはこどりの　あけてくやしき物をこそおもへ」（『古今和歌六帖』四四八五）は、傍線部の表現に加えて「とり」を詠む点も共通しているが、浦島伝説の色が濃く当歌との影響関係はないようである。注目すべきは『源氏物語』古注釈に挙げられている「とりかへすものにもがなや世の中を　ありしながらの我が身と思はん」（『源氏釈』二六）という歌である。この歌は『源氏物語』の中で繰り返し引かれている。

いとかくうき身のほどの定まらぬ、ありしながらの身にて、かゝる御心ばへを見ましかば、あるまじきわが頼み

にて、見なを《（ほ）》し給ふ後瀬をも思ひ給へ慰めましを　（帚木巻）

（源氏の）いとあさはかにもあらぬ御けしきを、ありしながらのわが身ならばと、取り返すものならねど、忍びがたければ　（空蝉巻）

いとかう思ひ捨てられ奉る身の咎に思ひなすも、さま〴〵に胸いたうくちお《（を）》しうなん。とり返すものにもかなや　（柏木巻）

お《（を）》り〳〵は過ぎにし方のくやしさを忘るゝ、お《（を）》りなく、ものにもがなやと、とり返さまほしきとほのめかしつゝ　（宿木巻）

帚木・空蝉巻の二例は、空蝉の、独身の頃の我が身であれば光源氏と恋もできたであろうという述懐。柏木巻は、女三宮との夫婦仲が壊れてしまったことを嘆く源氏の言葉。宿木巻は、大君を失った薫が、中君・匂宮の仲を取り持ったことを悔いて中君に言い寄るくだりである。いずれも、支障なく愛を育むことのできた昔を惜しんでいる。昔の状況を取り戻せたら、今、思うがまま愛を育めるのにと思っている。引歌は、かかる心情を詠んだ歌であったと思われる。「思うままに愛を育みたい」。それは、「池に住む」・「名ををし鳥の」という表現に託された想いに通じる。

惟規は女と恋仲になったことを悔やんでいるのではない。女とこれからも逢いたいと思っている。だからこそ名が惜しいのである。恨めしく思うのは、その意に反して、噂を気にした女が惟規から離れてしまったからかもしれない。

「…もがな〜む」と詠む歌は少なくなく、その多くは「わがごとく我を思《おも》はむ人もがな　さてもやうきと世を心みむ」（『古今集』恋五・七五〇　凡河内躬恒）のように、〈その願いが叶ったら〉という脈絡で繋げられている。しかし、そのように繋げていくと家集の本文では歌意がうまく通らない。『金葉集』二度本の「人をうらみじ」という本文の方が歌意は取りやすい。それゆえ『惟規集』の書写者は、当歌の傍らに『金葉集』の本文を書き添えたのだろう。当家集五番歌も『千載集』の本文と小異があるが、集付けのみで傍書はされていない。

しかし、歌に詠まれた言葉の全てに論理的整合性を求めるべきではないのだろう。「その心余りて、詞足らず」（『古今集』仮名序）と評された在原業平のように詠う時もあろう。四句と五句の間の意脈の途切れは、惟規の心をそのまま表わしているように思われる。恋しさと恨めしさ。矛盾する自らの心に板挟みとなり、言葉を継げずにいる惟規の姿が、そこに見えてくる。

なお、既に指摘したことだが、空蝉巻引用箇所にある「わが頼み」は当家集一〇番歌の独自表現「我頼め」に通じる表現である（一〇番歌【鑑賞】参照）。やはり紫式部と惟規との関わりは興味深い。

三二　しまかせにしはたつなみのたちかへり　うらみてもなほたのまる、かな

【釈文】

島風にしばたつ波の立ちかへり　うらみてもなほ頼まるるかな

【通釈】

島風が吹いて頻りに立つ波のように、あなたの元へ行ってもそのまま引き返してくることの繰り返し。あなたを恨めしく思うけれど、それでもやはり頼りにしてしまうことよ。私の心も波のように揺れています。

【語釈】

○島風　島に吹き渡る風の意であろう。「島風。浦風、山風の類也」（北村季吟『八代集抄』）**○しばたつ波**　「しば」は

何度も、頻りに、の意。本来副詞であるが、「かほとりの間無《まな》くしば鳴《な》く春の野《の》の　草根《くさね》のしげき恋《こひ》もするかも」（『万葉集』巻一〇・一九〇二・一八九八）のように、「しば鳴く」「しば見る」など接頭語風に動詞について用いられる。「立ちかへり」を導く序を作る。**○立ちかへり**　①もとの場所に戻る。引き返す。②繰り返す。いくども…する。「いくたびか生田《いくた》の浦に立帰り　浪にわが身を打ちぬらすらん」（『後撰集』恋一・五三二　よみ人しらず）**○うらみ**　「恨み」に「浦見」を響かせる。「風」「立ちかへり」「うらみ」は「波」の縁語。「よそにただ花とこそ見《み》めたのみなば　人をうらみに成りもこそすれ」（『和泉式部続集』五一八）・「思《おも》はずはつれなき事もつらからじ　たのめば人を怨みつるかな」（『拾遺集』恋五・九七三　よみ人しらず）

【鑑賞】

当歌は『金葉集』二度本に「しまかぜにしばたつなみのやちかへり　うらみてもなほたのまるるかな」（恋上・三九五）という形で収められている。女を恋しくも恨めしくも思う恋心を詠んだ歌で、同趣の三二一番歌とは一連の作である。（三二一番歌【鑑賞】参照）

女は噂を憚って逢ってくれなくなったが、それでも惟規は女の許に通っていく。むろん逢瀬は叶わず、惟規はそのまま元来た道を帰って行く。体だけではなく心も行きつ戻りつを繰り返す。惟規の心は「うらむ」気持ちと「たのむ」気持ちの間で浪のように揺れるのである。ちなみに「うらみてもなほ」という句を持つ歌は二首。そのうちの一首は『為信集』の「世《よ》の中をうらみてもなほたのむかな　うき身も花《はな》にあふとみつれば」（一〇四）で当歌と表現が酷似しており、惟規はこの歌を参考にしたと思われる。『為信集』と当家集との関係はやはり注目される。

平安時代の和歌には「立ち返る」と「波」を併せて詠んだ例が多い。「立帰りあはれとぞ思ふよそにても　人に心をおきつ白浪」（『古今集』恋一・四七四　在原元方）のように募り募る恋慕の情を訴えたり、「いしま行く水の白浪立帰り　かくこそは見めあかずもあるかな」（『古今集』恋三・六八二　よみ人しらず）のように、恋人のもとに足繁く通う様を準えたり、「もの言《い》はで返り給ひて／いたづらに立《た》ちかへりにし白波《しらなみ》の　なごりに袖《そで》の乾《ひ》るときもなし」（『朝忠集』

一二）・「逢ふ事のなぎさにしよる浪なれば　怨みてのみぞ立帰りける」（『古今集』恋三・六二六　在原元方）のように、女の部屋に入れてもらえず、立ちっぱなしのまま帰ってきたことを示したりと、恋歌にもしばしば詠まれている。一方、『万葉集』の「立ち返る」の用例は「たちかへり泣《な》けども我《あれ》は験《しるし》なみ　思《おも》ひわぶれて寝《ぬ》る夜《よ》しぞおほき」（巻一五・三七八一・三七五九　中臣朝臣宅守）の一首のみ。心情直叙の歌で「しるしなみ」に「波」の意は掛けられていない。

　つまり「波」が「立ち返る」とはいかにも平安和歌らしい表現なのだが、惟規はその「波」の形容に「島風」「しば立つ」という、万葉集歌を意識した特異な言葉を使っている。

「島風」の用例は惟規以前になく、藤原清輔の『和歌初学抄』は歌語として「島風」を挙げるが、例歌は挙げていない。しかし、島に吹く風を詠んだ歌は『万葉集』に散見される。「やすみしし　わご大君《おほきみ》の　常宮《とこみや》と　仕《つか》へ奉《まつ》れる　雑賀野《さひかの》ゆ　そがひに見《み》ゆる　沖《おき》つ島《しま》　清《きよ》き渚《なぎさ》に　風吹《かぜふ》けば　白波騒《しらなみさわ》き　潮干《しほふ》れば　玉藻《たまも》刈《か》りつつ…」（巻六・九二二・九一七　山部赤人）という叙景歌もあれば、「島伝《しまづた》ふ足速《あばや》の小舟《をぶね》風守《かざまも》り　年《とし》はや経《へ》なむ逢《あ》ふとはなしに」（巻七・一四〇四・一四〇〇）・「水霧《みなぎ》らふ沖《おき》つ小島《こしま》に風《かぜ》をいたみ　ふね寄《よ》せかねつ心《こころ》はおもへど」（巻七・一四〇五・一四〇一）のように、恋の成就しがたい状況を波風に喩えた恋歌もある。

　また、「しま風」に音の通じる「よこしま風」を詠んだ歌もある（巻五・九〇九・九〇五）。「…人《ひと》と成《な》り出《い》でて　悪《あ》しけくも　善《よ》けくも見《み》むと　大船《おほぶね》の　思《おも》ひたのむに　思《おも》はぬに　よこしま風《かぜ》の（横風）にふふかに　おほひ来《き》たれば…」と、我が子が突然病魔に襲われたことを、船が突風によって転覆する様に準えている。「よこしま風」は横殴りに吹く風、暴風の意だが、「大船」を詠んだ脈絡から、「島風」の意も連想されるのではないか。「島風」は、万葉集歌の表現を土台にしているように思われる。

「しば」もまた万葉集歌の特徴的な表現の一つである。「しば立つ」と詠んだ歌は一首、「堀江漕《ほりえこ》ぐ伊豆手《いづて》の船《ふね》の楫《かぢ》つくめ　音《おと》しば立《た》ち水脈早《みをはや》みかも」（巻二〇・四四八四・四四六〇　大伴家持）がある。水辺の景を詠む点も当歌と通じており、惟規はこの歌を参考にしたのだろう。

いかにも平安和歌らしい「波」「立ち返る」を、万葉調の特異な語で飾ったところが振るっている。と言っても、惟規は奇抜さや古風な趣ばかりを追求していたのではなかろう。「島風」が連想させる「よこしま風」は大船を転覆させるほどの強い風。「しば立つ」も航行に難儀するような強い潮流を想起させる。海の向こうに島が見え、そこには船を寄せられぬほどの強い風が吹き、波が次々と打ち寄せ潮がうねっている——そのような自然の光景を、この序は彷彿とさせる。

一方、平安和歌に詠まれる「立ち返る」波は、荒々しい大波ではなく、間をおかず打ち寄せるさざ波のイメージが強かったらしい。「間《あひだ》なく寄《よ》する川浪立ちかへり　祈りても猶あかずぞ有りける」（『貫之集』二八七）のように「川波」がよく詠まれるし、海の波も「秋《あき》の海にうつれる月を立ちかへり　浪は洗《あら》へど色もかはらず」（『後撰集』秋中・三二二　清原深養父）のように、穏やかな様が詠まれている。「我《わ》が宿《やど》にさける藤波たちかへり　すぎがてにのみ人の見るらむ」（『古今集』春・一二〇　凡河内躬恒）のように「藤波」を詠む歌も散見されるが、これも波の様を物語っていよう。

惟規は、その「立ち返る」波を、大きく荒々しい自然を詠んだ序で飾り、自らの熱情を訴えたのだ。

波の荒々しさを表現するという点では「立ちかへる」より「八千かへる」の方が一層具体的で伝わりやすい。「八千かへる」の用例は『金葉集』の惟規歌が初出で、その後『狭衣物語』（一三五）・『久安百首』（一四〇〇）に詠まれている。一般的な「立ちかへる」を先例のない「八千かへる」に改めるとは考えにくく、『金葉集』の本文は見過ごしがたい。しかし「立ちかへる」を否定する積極的理由も見当たらず、本書ではそのまま採ることにした。それに、「立ちかへる」ならではの良さもあるのだ。

「八千かへる」は確かに具体性があるけれども、この場合、「立ちかへる」「波」という常套表現は姿を消す。「立ちかへる」であればこそ、平安和歌の常套表現と万葉調の特異な表現との対照の妙が生まれ、序も際立つのである。

惟規には序詞を用いた歌が少なくない。

ある男、大和にて、ともしの火を見て
牡鹿立つ外山の野原ともすひと　身をのみ焦がすなにの思ひそ（一）
女に
藻屑たくあまの蚊遣火それすらも　すずろにかかる下燃えはせじ（二）
題不知
霜枯れの萱が下折れとにかくに　思ひみだれて過ぐすころかな（『後拾遺集』恋三・七二九）

これらの歌について、岡一男氏は次のように述べられている。

第一首は巻頭の歌、（中略）鹿の立つ外山の裾原の照射の火のように身をのみ焦がしてゐるが、それは何の思ひのためぞといふことで、上の句は眼前の景に触発された有心の序である。第二首は、漁人どもが蚊遣に焚く藻屑の火、それさへもこんなにやたらにぶす〳〵下燃えはすまいといふので、やはり上の句は序になつてをり、想像の中に海辺の光景を描いて、わが下たく悶々の情を美しく表現してゐる。『後拾遺集』恋三の彼の歌（中略）も、上二句が眼前の粛殺たる風物をとらへて、有心の序となつてをり、この三首は縁装に用ひる題材こそ異なれ、繊巧な序詞をもちひて情念の苦しき悶えを美しく表現している。
（『源氏物語の基礎的研究』）

当歌も有心の序を詠んだ一首といってよいだろう。

［家集不載歌］

父《ちち》のもとに越後にまかりけるに、逢坂《あふさか》のほどより源為善朝臣の許につかはしける

補一　逢坂《あふさか》の関《せき》うちこゆるほどもなく　けさは都《みやこ》の人ぞこひしき　（『後拾遺集』別・四六六）

【通釈】

父親のもと越後に行きました時に、逢坂のあたりから源為善朝臣のもとに贈った歌

逢坂の関を越えるやいなや、今朝はもう都の人が恋しいことだ。

【語釈】

○源為善　生年未詳、長久三年（一〇四二）没（『勅撰作者部類』）。源国盛男。曾祖父に公忠、祖父に信明、従兄弟に道済がいる。『後拾遺集』に八首入集。大江公資・能因・出羽弁と交流があった。**○逢坂の関**　近江国の歌枕。山城国と近江国との境にある逢坂山に置かれた関所で、都から東国へ旅立つ人との別れの場であった。「思ひやる心はつねにかよへども　相坂の関こえずもあるかな」（『後撰集』恋一・五一六　源公忠）のように、関を越えることに男女関係の一線を越える意を含ませ、「逢坂」に「逢ふ」を掛けて恋歌に詠まれる。**○けさ**　男女の別れの時であり、恋歌に多く詠まれる。「君《きみ》に今朝《けさ》あしたの霜《しも》のおきていなば　恋《こひ》しきごとに消《き》えやわたらむ」（『古今集』仮名序）**○こひしき**　自分の身近に無い人や事物を慕しく思う心情。特に、手の届かない異性に惹かれて逢いたいと切望する思いを言う。

【鑑賞】

「逢坂の関」「今朝」「恋し」は恋歌の常套表現である。「ほどもなく」という句を詠んだ恋歌も、「ほどもなく明《あ》けて別《わか》れしあか月に　いとどつゆこそおきうかりしか」（『仲文集』四二）・「人に睦《むつ》ましくなりて、ほどもなく遠《とほ》き所にゆくに女／ほどもなく雲井はるかにわかるれば　あるにもあらぬ心地《ち》こそすれ」（『輔親集』一四五）・「女《をんな》に逢《あ》ひてまたの日《ひ》つかはしける／ほどもなくこふる心はなになれや　知《し》らでだにこそ年《とし》は経《へ》にしか」（『後拾遺集』恋二・六六四　大中臣輔親）など少なくない。当歌は男性の源為善に贈った歌だが、逢瀬の後すぐに別れの朝を迎え、別れて間もなく恋しさが募るという恋歌の脈絡を持っている。友情を恋に準えて詠んだ歌は、

　七夕のあしたに躬恒《みつね》がもとより
君に逢《あ》はで一日二日《ひとひふつか》に成りぬれば　けさ彦星の心地《ち》こそすれ　（凡河内躬恒）
　とある返し
あひ見《み》ずて一日《ひとひ》も君にならはねば　七夕よりも我ぞまされる　（紀貫之）
（『貫之集』八三四・八三五）

　琴笛《ことふえ》などしてあそび、物語《がた》りなどし侍りけるほどに、夜更《ふ》けにければまかりとまりて
昨日見し花の顔《かほ》とてけさみれば　寝《ね》てこそさらに色まさりけれ　（藤原定方）
ひと夜のみ寝《ね》てし帰《かへ》らば藤の花　心とけたる色見せんやは　（藤原兼輔）
（『後撰集』春下・一二八・一二九）

など少なくない。源為善は歌人の家に生まれ、自身も『後拾遺集』に八首入集する歌人である。惟規とは作歌活動を通じて親睦を深めたのであろう。注目すべきは、為善は従兄弟に道済がいたこと、能因と親交のあったことである。道済も能因も河原院グループの系譜に連なる歌人である。惟規が河原院グループの歌人と交流を持った可能性は十分に考えられる。

ところで為善の甥・源経信は『難後拾遺』に、為善から聞いた話として「(『けさは』は)『まづは』とこそ聞き給へしか。さてはまさるらんものを」と記している。「まづは」は、〈何よりも先に〉の意。都にいる為善らへの思慕を、より強く訴える表現である。

題不知

補二　霜枯《しもが》れの萱《かや》が下折《したを》れとにかくに　思《おも》ひみだれて過《す》ぐすころかな　（『後拾遺集』恋三・七二九）

【通釈】

霜に枯れた萱があちらこちらを向いて折れ伏しているように、あれこれと思い乱れて過ごすこの頃であるよ。

【語釈】

○霜枯れ　霜によって草木が枯れること。「枯る」に「離る（恋人と疎遠になる）」を掛けて恋歌に詠まれる。**○萱**　萱・薄などイネ科の植物の総称。風に乱れやすいところから「乱る」の縁語・序詞となる。**○下折れ**　霜枯れや雪などにより、刈萱・蘆・萩などの草花が折れ伏したり垂れたりすること。

【鑑賞】

当歌は「みよしのの秋津《あきづ》の小野《をの》にかるかやの　思《おも》ひみだれて寝《ぬ》る夜《よ》しぞおほき」（『万葉集』巻一二・三〇七九・三〇六五）・「霜枯《しもが》れの浅茅《あさぢ》がもとのかるかやの　乱《みだ》れてものを思《おも》ふころかな」（『是則集』三〇）を本歌とする。

「霜」は草葉を枯らし、寒冷の気を満たす。恋歌では「言《こと》の葉《は》も霜《しも》にはあへずかれにけり　こや秋果《あきは》つるしるしなるらん」（『能宣集』五一）のように「枯る（離る）」や「秋（飽き）」と共に詠み、あるいは「寝屋《ねや》のうへに霜や置くらん片敷《かたし》ける　下《した》こそいたく冴《さ》えのぼるなれ」（『和泉式部集』六七）のように独り寝の侘びしさを感じさせるものとして詠まれる。「霜枯れの萱が下折れ」は「思ひみだれ」を導き出す序であるが、ここに詠われている寂寞たる光景は、恋に思い悩む惟規の心象風景でもある。「枯れ」には「離れ」を掛けることが多いから、女が惟規と距離を置くようになったのだろう。『源氏物語』賢木巻でも、伊勢へ下る六条御息所と光源氏との別れが晩秋の荒涼とした風景に重ねられている。

『惟規集』所収歌に見られる特徴は、当歌にも認められる。

まず、『万葉集』や河原院グループの影響である。「萱」は『万葉集』の恋歌に多く詠まれた語。平安時代の用例を見ると、三代集に収められているのは「まめなれど何《なに》ぞは良《よ》けくかるかやの　乱《みだ》れてあれど悪《あ》しけくもなし」（『古今集』雑体・一〇五二　よみ人しらず）という万葉調の作と、「旅人《たびびと》のかや刈《か》りおほひ作《つく》るてふ　まろやは人を思ひわするる」（『拾遺集』恋四・八八六　よみ人しらず）の二首のみである。一方、私家集では『順集』『能宣集』『和泉式部集』『重之女集』に用例が認められる。「霜枯れ」も私家集の用例を見ると、『能宣集』『恵慶集』『和泉式部集』などの河原院歌人のものが目立つ。「とにかくに」と詠んだ先例は「とにかくに物はおもはず飛驒匠《ひだたくみ》　打つ墨縄《すみなは》のただひとすぢに」（『拾遺集』恋五・九九〇　柿本人麻呂／『万葉集』二六五六番歌の異伝）・「とにかくにいまさらさらにいはしみづ　は や定《さだ》めてよ右は勝《まさ》ると」（『謎歌合』八　好忠）の二首である。「思ひみだれて」は「妹《いも》がため命《いのち》のこせり刈《か》り薦《こも》の　思《おも》ひみだれて死《し》ぬべきものを」（『万葉集』巻一一・二七七四・二七六四）等、『万葉集』の恋歌に多い。また、「下折れ」は和歌に先例のない特異な表現である。散文でも『源氏物語』に一例認められるのみである。「いとかしけたる下折れの霜も落とさず持て参れる」（藤袴巻）と、当歌同様「霜」と共に用いている点も興味深い。

「下」は〈密かに〉・〈心の内で〉の意で、「冬河の上《うへ》はこほれる我なれや　下《した》にながれて恋《こ》ひわたるらむ」（『古今集』恋二・五九一　宗岳大頼）・「忘《わす》れずよまた忘《わす》れずよ瓦屋《かはらや》の　下《した》たく煙《けぶり》したむせびつつ」（『実方集』一八一）など、様々な形で恋歌に詠まれている。「折る」は、「葦《あし》のねのよわき心はうきことに　まづ折《を》れふして根ぞながれける」（『古今和歌六帖』一六九〇）・「さすがにはなびくものからなよ竹《たけ》の　折《を》るるこころも見えぬ君《きみ》かな」（『為信集』一五五）のように、気持ちが挫ける、あるいは屈するという意で詠まれる。萱と同じように、惟規も萎れてしまって元気がない。しかし、「思ひみだれて過ぐすころかな」という表現に、二人の仲は完全に終わったのだという絶望感や切迫感は感じられない。「冬枯《ふゆが》れの野辺《のべ》とわが身《み》をおもひせば　もえむ春《はる》をも待《ま》たましものを」（『伊勢集』二九一）・「下もゆる雪間のくさのめづらしく　我がおもふ人にあひ見《み》てしかな」（『和泉式部集』七六）という歌があるが、冬のような今の時期を過ごしおおせたら、やがて春が訪れる――女の愛情が自分に戻ってくるだろう。そんな期待が籠もっているように思われる。

なお、後代の作に「とにかくに思ひ乱《みだ》れておもふかな　わくる思ひのひとつならぬに」（『相模集』三〇二）・「とにかくに乱《みだ》れて見《み》ゆるかるかやは　物思ふことのしるしなりけり」（『散木奇歌集』三九五）がある。おそらく当歌を参考に詠んだのだろう。

補三　父《ちち》のもとに、越《こし》の国《くに》に侍《はべ》りけるとき、重《おも》く患《わづら》ひて、京に侍《はべ》りける斎院の中将が許につかはしける

都《みやこ》にもこひしき人のおほかれば　なほこのたびはいかむとぞ思《おも》ふ

（『後拾遺集』恋三・七六四）

【通釈】

父のもと越後にいました時、重く病気を患って、都にいました斎院の中将のところに贈った歌

都にも恋しく思われる人が大勢いるので、やはり今回の旅は生き延びて、都に帰りたいと思うのです。

【語釈】

〇父　藤原為時。寛弘八年（一〇一一）、越後守に任ぜられた。**〇斎院の中将**　生没年未詳。父は斎院長源為理、母は大江雅致女。和泉式部の姪に当たる。時の斎院選子内親王家に出仕したことが『大斎院御集』にみえる。惟規とは恋

愛関係にあった。**〇こひしき**　自分の身近に無い人や事物を慕しく思う心情。特に、手の届かない異性に惹かれて逢いたいと切望する思いを言う。**〇たび**　「旅」と「度」を掛ける。「去《さ》りたる男《をとこ》の遠《とほ》き国《くに》へゆくを、いかが聞《き》くといふ人に／わかれてもおなじ都《宮こ》にありしかば　いとこのたびの心地《ち》やはせし」（『和泉式部集』一八三）**〇いかむ**　「行かむ」と「生かむ」を掛ける。「都《みやこ》へと生《いき》の松原《まつばら》いきかへり　君がちとせにあはんとぞ思《おも》ふ」（『重之集』四）・「かぎりとて別るる道の悲しきに　いかまほしきは命なりけり」（『源氏物語』桐壺巻・一　桐壺更衣）

【鑑賞】

『今昔物語』『俊頼髄脳』『宝物集』などが、臨終時の逸話と共に当歌を伝えている。本文に異同が多く、初句を「みやこには」とするもの、第二句を「わびしきひとの」とするもの、第三句を「あまたあれば」とするものがある。「式部大夫匡衡《まさひら》が、陸奥国《みちのくに》におこせたる／みやこには誰《たれ》をか君《きみ》は思ふらん　都《みやこ》にはみな君《きみ》を恋《こ》ふめり」（『実方集』二一九）・「月を見て　田舎《ゐなか》なる男《をとこ》を思ひいでてつかはしける／今夜君いかなる里《さと》の月を見て　都《宮こ》に誰《たれ》を思ひいづらむ」（『拾遺集』恋三・七九二　馬内侍）という歌がある。都に残された人は皆、他国に赴いた人を恋しく思うが、下向した人は、その人にとって特別な存在の人間しか思い出さない。和歌の中ではこのような発想が形成されていたらしい。むろん実際は違って、都に残してきた家族や恋人・友人など様々な人を懐かしく思い出したことだろう。ただ、その想いを皆に等しく伝えることが難しかったのだと思う。今のように公の交通機関などなく、ただ手紙を送るだけでも自らその手筈を調えなければならなかった。都にいる人は彼一人に宛てて手紙を送ればよいが、彼はそうはいかない。その都度、頻頻と都に使いを出すことは出来なかっただろう。こうした事情も手伝って、右のような発想が生まれたのだと思う。

惟規は当歌で、恋しく想う人が都に大勢いると、地方に下向した人間の気持ちを素直に詠んでいる。しかし、こうして素直に詠むことが必ずしも良いというわけではない。

愛する人が多くいる場合、特にそれが恋人の場合は、一人の女への愛情の浅さとして咎められる。「我《われ》ならぬこひぢもおほくありそうみの　浜のまさごは取りつきにけむ」（『落窪物語』六七　四の君）のように。いうまでもなく恋歌では、歌を贈る相手への特別に深い愛情を詠う。恋しい人が大勢いると詠めば、恋人斎院中将は嫉妬もしようし、寂しくも感じよう。惟規とてそれを察しなかったわけではあるまい。しかし、これが我が人生最後の歌。その思いが、真情を吐露する歌を詠ませたのだろう。

『今昔物語』は、惟規は力尽きてこの歌の最後の一字を書くことが出来ず、父為時が推し量って書き足したと伝えている。出来すぎの感があるエピソードだが、この歌の素直な詠みぶりは、いまわの際に最後の力を振り絞って詠んだという惟規の姿にぴたりと重なる。

選子内親王斎《いつき》におはしましけるとき、女房に物申さんとて忍《しの》びてまかりたりけるに、侍《さぶらひ》どもいかなる人ぞなど荒《あら》く申して問《と》はせ侍りければ、畳紙《たたうがみ》に書《か》きて侍《さぶらひ》に置《お》かせ侍りける

補四　神垣《かみがき》は木《き》の丸殿《まろどの》にあらねども　名《な》のりをせねば人とがめけり　（『金葉集（二度本）』雑上・五四七）

【通釈】

選子内親王が斎院でいらっしゃった時、斎院に仕える女房と睦言を交わそうと思って、こっそりと参りましたところ、警護の武士たちが何者だなどと荒々しく言って尋ねましたので、畳紙に書いて武士たちの詰め所に置きました歌

神垣をめぐらしたこの斎院は、朝倉の木の丸殿ではないのに、私が名乗りをしないので人が咎めていることよ。

【語釈】

〇選子内親王　村上天皇の第十皇女。母は藤原師輔女・中宮安子。康保元年（九六四）生、長元八年（一〇三五）没。

天延二年（九七四）に賀茂斎院に卜定されて以降、円融・花山・一条・三条・後一条の五代にわたって斎院を務めたことから大斎院と呼ばれた。和歌をよくし、『拾遺集』以下の勅撰集に三七首入集。仕える女房たちも斎院中将をはじめ才気溢れる者が多く、文化サロンを形成した。その活動が一条天皇の中宮定子・彰子にも影響を及ぼしたことは、『枕草子』『紫式部日記』『大斎院前御集』『大斎院御集』によって知られる。**○斎**　伊勢神宮や賀茂神社に天皇の名代として奉仕した未婚の内親王・女王。**○女房**　ここでは選子に仕えた斎院中将を指す。惟規の恋人だった。**○物申さん**　睦言を交わそう。**○神垣**　神社・神域の周囲にめぐらした垣。また、神社・神域。**○木の丸殿**　筑前国の歌枕。現在の福岡県朝倉郡朝倉町。斉明七年（六六一）、新羅に攻められた百済を救済するべく、斉明天皇は軍を九州に進めた。その折に造られた行宮で、黒木（丸木）で造られたことから木の丸殿と呼ばれたという。「朝倉や　木の丸殿に我が居れば　名のりをしつつ　行くは誰」という神楽歌に歌われ有名である。『新古今集』は同歌を天智天皇作として収める（雑中・一六八九）。『俊頼髄脳』は、世を忍んで朝倉の丸木の御所に過ごす天智天皇が来訪者に必ず名乗らせたという伝承をひき、それをもとに木の丸殿は「名乗る」と併せて詠むのだと解説する。**○とがめ**　行為や欠点を取り上げて責める。また、不審を抱いたり、珍しいと思って心を対象に向ける。

【鑑賞】

『俊頼髄脳』『今昔物語』には当歌が詠まれた経緯が更に詳しく記されている。恋人・斎院中将の局に忍び込んだ惟規を侍たちが見つけ、誰かと尋ねたが惟規は返事をしない。そこで侍たちは門を閉ざし、惟規が逃げられないようにしてしまう。困り果てた斎院中将が大斎院に事情を話したところ、惟規は歌詠みだということで許され、外に出ることができたという。

「神垣」は大斎院サロンでよく詠まれた語であり、惟規はそのことを意識していたのだろう（四番歌【鑑賞】参照）。「神垣」は「神垣《がき》の三室《みむろ》の山の榊葉《さかきば》は　神の御前《みまへ》にしげりあひにけり」（『古今集』神遊びの歌・一〇七四　よみ人しらず）のように神の威光を詠む際に用いられることが多く、恋のイメージはない。神聖な「神垣」での恋は禁忌である。

「恋しくは来ても見よかしちはやぶる　神のいさむる道ならなくに」（『伊勢物語』七一段・一三二）という歌が示すように、禁忌を犯す恋は「神のいさめ」を受ける。また、賀茂社の神は「いのりくる我《わ》がかたをかの誓言《ちかごと》を　おそくただすの神にも有るかな」・「逢ふことをかたをかとのみ思《おも》ふ身は　なにただすの神にかくらん」（『馬内侍集』一二・一三）のように「ただすの神」と詠まれる。ところが惟規は、神ではなく人間に見咎められ、問いただされてしまった。嗚呼《おこ》である。しかし、この嗚呼な振る舞いは事前に計画されたものであった。『俊頼髄脳』は、歌の後に次のように記している。

斎院聞こし召して、あはれがらせ給ひて、「この、木のまろ殿といへる事は、我こそ聞きし事なれ」とて、仰せられける事を、女房うけたまはりて、この惟規に語りければ、「この事、詠みながら、くはしくも知らざりつる事なり」とて、「このことわびしかりつれば、この事を、よく承らむとて、ありける事なりけり」とて、よろこびけるとぞ

（『俊頼髄脳』四二七）

惟規は、選子内親王から「木の丸殿」の由来を聞こうと思い、事前に歌を用意し、わざと捕らえられたというのである。歌を中心に据えて事態を展開させるところ、嗚呼な色好みの男が登場するところはまるで歌物語である。惟規は家集の中で自らを歌物語の男主人公に擬したが、実人生もまた風雅に徹する好者《すきもの》として意識的に生きたのである。

補五　人知れず思へばうける言の葉も　つひにあふせのたのもしきかな

【通釈】

人に知られることなく想い続けている恋はつらく、届けようのない恋文はまるで川面に漂う木の葉のようだ。だが、呉松孝が愛の詩を書いた葉を川に流し、それが女のもとに届いて最後は結ばれたという故事がある。私の恋もそれと同じだ。葉が水に乗って瀬に流れ着くように、私の愛の言葉もやがてはあなたに届き、逢瀬を持つのだと思えば頼もしく思われることだ。

【語釈】

○人しれず　人に知られることなく。恋歌に「思ふ」と共に詠み込むことが多い。「人しれず思《おも》へばくるし紅の　すゑつむ花の色《いろ》にいでなむ」（『古今集』恋一・四九六　よみ人しらず）・「人《ひと》しれず思《おも》へばくるしいかにして　おなじ心《こころ》に人を教《をし》へん」（『古今和歌六帖』二一三八）**○うける**　葉が水に漂う様子に、不安で落ち着かない恋心を重ねた表現。「たき《ぎ》つ瀬《せ》に根《ね》ざしとどめぬうき草の　うきたるこひも我はするかな」（『古今集』恋一・五九二　壬生忠岑）・「人しれずうきたる恋《こひ》をする人《ひと》と　そら吹《ふ》く風《かぜ》といづれまされり」（『忠岑集』一〇二　凡河内躬恒）。「浮く」に「憂く」を掛ける。

○言の葉　①言葉。「翁《おきな》、いかなることをか言《い》ひおきけん／さめぬとて人にかたるな寝《ね》ぬる夜《よ》の　夢《ゆめ》よゆめよといひし言《こと》の葉《は》」（『一条摂政御集』三三）②和歌。「古歌召《ふるうため》しけるに、書《か》きそへたりける／言《こと》の葉《は》のなかをなくなくもとむれば　むかしの人《ひと》にあひ見《み》つるかな」（『忠見集』一九五）③転じて消息・手紙の意。「言《い》ひわたりし女《をんな》のとみにきしげ（「聞きげ」カ）もなかりしかば、文返《ふみかへ》し得《え》てんといひつかはして／いひそめし言《こと》の葉いかがなりにけむ　ふきかへさなん秋の山かぜ」（『兼澄集』七八）。平安時代の和歌では、男女が交わす愛の言葉の意で用いることが多い。また、植物の「葉」の意に取り成して、その縁語を連ねて詠むことが多い。**○あふせ**　男女が逢う機会。『後撰集』以降に見られ、川の瀬との掛詞で詠まれる。

【鑑賞】

当歌は『俊頼髄脳』にのみ伝えられている。『髄脳』によると女に贈った歌で、唐土の故事に基づいて詠んだものだという。その内容は次のとおりである。

呉松孝という男が、内裏を通って流れてくる川から一枚の赤い柿の葉を拾う。葉には女の筆跡で詩が書き付けてあった。松孝はまだ見ぬ詩の女を恋い慕うようになり、女に和した詩を葉に書き付け、内裏に届くよう川の上流に投じた。松孝は詩の女を慕い続け独身でいたが、親の望みで嫁を娶った。誠実に尽す嫁に松孝はやがて心を許し、詩の女のことを語った。話を聞いた嫁は驚き、その葉を見せて欲しいと言う。実はこの嫁が、詩の女だったのである。彼女も松孝が詩を書き付けた葉を拾い、大切に持ち続けていた。二人は互いに持っていた葉を見せ合い、宿縁の深さを思い知った。

詩の贈答が紙ではなく葉で交わされたという点がこの話の眼目。惟規も当歌を柿の葉に書き付けて贈ったのかもしれない。平安貴族たちは、様々な植物に歌を書き付けており、中には柿の葉に書き付けた例もある。

女《をんな》かぎりなくはづかしと思《おも》ふほどに、この男《をとこ》のもとより、男《をとこ》の親《おや》の家《いへ》は五条わたりなるに、さて、かきのもみぢにかく書《か》きつけたり

人《ひと》すまず荒《あ》れたる宿《やど》をきてみれば　いまぞ木《こ》の葉《は》は錦おりける

（『伊勢集』一）

藤岡忠美氏は右の歌や八代集の用例を挙げ、「恋心を伝えるために柿の葉に歌を書くという趣向は、風雅の立場からだけではなく、実はこうした唐土の故事を意識し、連想するところがそもそも淵源にあったようにも思われる。（中略）木の葉に歌を書きしたためる時、平安時代の歌人たちの心の基底に、この男女の宿命的出会いを述べた唐土の説話が、はたらきかけるものを持っていたのではないか」（「木の葉に書かれた和歌―贈答歌序説―」『平安朝和歌　読解と試論』）と述べられている。しかし、歌を書き付ける葉は柿に限らないし、花や木片などに書き付けた例も散見される。

また、私家集には次のように、恋歌以外の例もある。

　桜《さくら》の花《はな》のまつりの日まで散《ち》り残《のこ》りたる、使《つかひ》の少将《せうしやう》のかざしにたまふとて、葉にかく
神世にはありもやしけん山桜《ざくら》　今日《けふ》のかざしに折《を》れるためしは
（『紫式部集』一〇四）

　神祭《かみまつ》る日《ひ》、人人来《き》て、柏《かしは》のあるをとりて、歌書《うたか》きてと責《せ》むれば
神山《やま》のまさきの葛《かづら》くる人ぞ　まづやひらでの数《かず》はかくなる
（『和泉式部集』七七二）

葉に書き付けた歌が故事を踏まえているかは、一つ一つ別個に判断する必要があるだろう。

　和歌では恋人に贈る愛のことばを「言《こと》の葉《は》」と言い、植物の「葉」に取り成して詠むことが多い。呉松孝は、恋情を託したことば――〈言の葉〉――を柿の〈葉〉に書き付けた。漢詩と和歌との違いはあるけれども、〈言の葉〉と表現するのにこれほど適った例が唐土にあるとは面白い。

　恋歌の「言の葉」は「人の身に秋や立つらん言《こと》の葉《は》の　薄《うす》く濃《こ》くなりうつろひにけり」（『貫之集』六〇三）・「言《こと》の葉《は》も霜《しも》にはあへずかれにけり　こやあきはつるしるしなるらん」（『能宣集』五一）のように、「秋（飽き）」・「うつろふ（愛情が褪せる）」・「枯る（離る）」などの縁語と共に詠まれ、脆く儚いものというイメージがある。しかし、それを恋の成就に繋がるものと肯定的に捉え直すところに当歌の独自性がある。

　無論その発想を支えるのは呉松孝の故事だが、「逢瀬」の下に響く和歌的発想――「おほぬさと名にこそたてれながれても　つひに寄《よ》る瀬《せ》はありてふものを」（『古今集』恋四・七〇七　在原業平）・「流れいづる涙の河のゆくすゑは　つひに近江のうみとたのまん」（『後撰集』恋五・九七二　よみ人しらず）と詠まれるような――も支えているように思われる。恋文を葉に準えた「言の葉」、男女関係を川の流れに準えた「逢瀬」。いずれも和歌の中で育まれた表現である。それらに唐の故事を巧みに重ねた歌である。

　ところで、「逢瀬」は平安文学を語るに不可欠な語だが、惟規の活躍期までの例はさほど多くない。三代集の用例

は『後撰集』の二首だけで、私家集の用例も一〇首程度である。『万葉集』の七夕歌で「逢ふ」と「瀬」とが併せて詠まれた流れで、「逢瀬」も「天川」と共に詠む歌が多く、その他も「涙川」「渡り川（三途の川）」といった架空の川と共に詠まれている。詠み方は半ば固定化していた。惟規は実験的な詠み方をしたといえるのだが、その先鞭を付けたのが曾禰好忠と紫式部であった。好忠は二首に詠んでいるが、「惜《を》しからぬ命《いのち》こころにかなはずは　ありへば人にあふせありやと」（『好忠集』四四三）と川の連想を排除し、あるいは「つらくともわすれず恋《こ》ひん鹿島なる　あぶくま川《がは》のあふせありやと」（『好忠集』五七七）と実在の川を詠み込んでいる。紫式部は散文の中に用いた。『源氏物語』葵巻、物の怪に取り憑かれた葵上に光源氏は「いかなりともかならず逢ふ瀬あなれば、対面はありなむ」と言葉をかける。惟規は彼らに刺激を受けたのかもしれない。

なお、『源氏物語』にはこの他、和歌の用例が三つある。私家集の用例の中には『紫式部集』の二首（一首は他人詠）もあるから、紫式部の作が占める割合は多い。『源氏物語』に大きな影響を受けた『夜の寝覚』は、散文に四例用いている。この語を一般化させたのは紫式部だったと言って良いだろう。紫式部が後代に与えた影響の大きさを改めて感じさせる。

〈付記〉

『風雅集』は「花ゆゑにみゆきふりにしわたりとは　思ひやいづるしら河の水」（雑上・一四六〇）・「なにとなく花やもみぢをみるほどに　春と秋とはいくめぐりしつ」（雑下・一八五六）の二首を惟規の作として収めるが、共に別人の作であり、本稿では解釈を施さなかった。

一四六〇番歌は『広言集』の中の一首（一八番歌）。『広言集』は惟宗広言の自撰家集で、月詣和歌集編纂を企画した賀茂重保の勧進により、寿永元年（一一八二）の夏から秋にかけて撰集されたものと思われる。作者の惟宗広言は平安後期の歌人で生没年は未詳。崇徳院の歌合に詠進した他、『広田社歌合』『別雷社歌合』等に出詠している。後白河院の今様の弟子でもあった。『風雅集』は、「惟」の字が通じるところから誤って惟規の作としたのであろう。

一八五六番歌は『三百六十番歌合　正治二年』の中の一首（雑・六九〇番歌）で、作者は藤原隆房である。この歌合は藤原公任の三十六人撰にならい当代歌人三六人の作によって結番したもので、春・夏・秋・冬・雑の五部立で無判、撰集的な性格を持っている。主な作者には後鳥羽院・良経・慈円・式子内親王・俊成・定家・寂連らがいる。一八四六番歌の作者・藤原隆房は久安四年（一一四八）生、承元三年（一二〇九）没。『建春門院北面歌合』『別雷社歌合』『正治二年初度百首』等の作者であり、家集『隆房集』を残す。勅撰集には『千載集』以下に三四首採られている。『風雅集』が惟規の作として収めた経緯は不明である。

また、『麗花集』には「春宮学士《がくし》のぶのり」の作として「あきのよの月のひかりのあるかぎり　やまのかけみちこえやしなまし」（五〇）の歌が伝わる。『麗花集』の成立は寛弘二～四年（一〇〇五～〇七）頃。藤原惟規の活躍期と重なるが、彼の作ではないようである。

『麗花集』成立の寛弘期までに東宮学士を務めた「のぶのり」に、高階信順（たかしなのぶのり）がいる。高階信順は成忠の子で、妹に藤原道隆の妻・貴子がいる。永祚二年（九九〇）には従五位上東宮学士で左少弁を兼任していたらしい（東大寺文書）。その後も東宮学士を務めつつ、正暦三年（九九二）には右少弁兼右衛門権佐・周防権守となり（『政治要略』）、正暦五年（九九四）には左少弁兼右衛門権佐、長徳元年（九九五）には従四位下右中弁となっていたことが知られる（東大寺文書）。藤原伊周・隆家の花山院放射、東三条院呪詛などに連座して、長徳二年（九九六）伊豆に配流（『小右記』長徳二年四月二四日、五月六日条）。長保三年（一〇〇一）六月二九日死去（『権記』）。

「東宮学士」は、東宮の師範として先聖の典籍を教授する役職で定員二名、従五位下相当。『職原抄』下には、譜代の儒者、才徳のある者を充てるとあり、実際、菅原道真・小野篁・大江匡房などが務め、また、信順の父・成忠も務めている。

『惟規集』作者の藤原惟規に東宮学士となった記録はなく、また、その可能性を考えることも難しい。惟規は父為時の任国越後へ下向するのを機に六位蔵人から叙爵したが、越後に着いて間もなく病没している。また、『紫式部日記』の一節によれば、惟規は漢籍を学んでも憶えが悪く、それを傍で聞いていた紫式部の方が早く憶えてしまったという。

『麗花集』の「のぶのり」は高階信順と考えるのが穏当であろう。

Ⅱ 『惟規集』研究序説

徳武陽子

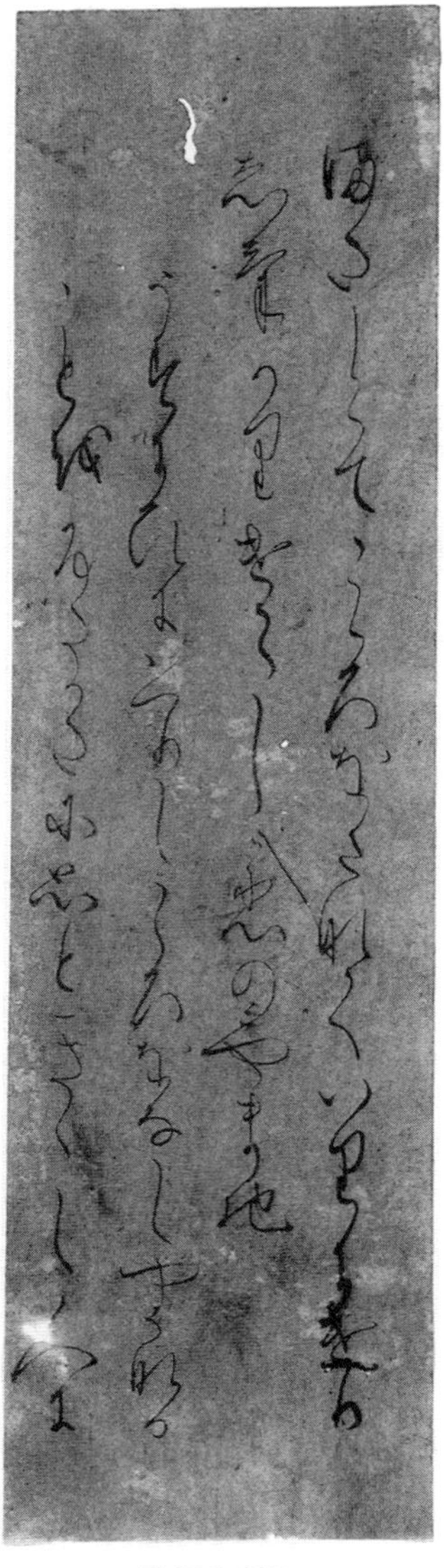

惟規集断簡

（仁平道明氏提供）

一　伝本と編纂意識

『藤原惟規集』の伝本には高松宮旧蔵国立歴史民俗博物館現蔵本と宮内庁書陵部蔵本の二本がある。高松宮旧蔵本は横本で縦一四・五糎、横一二・〇糎。袋綴本。本文七丁（内墨付五丁）。書陵部蔵本は横本で縦一四・六糎、横一一・四糎。袋綴本。本文七丁（内墨付五丁）。これらの二本は同一本文を持ち、所収歌は全三二首。二本とも本文は一面一一行で歌は二行書き、詞書は肩から二字下がる。一面の行数、改行の箇所、上の句が一行に収まりきらない場合の字配りなども一致しており、近い関係にあることが窺われる。共に近世の書写と見られる。

また、近年これら二本の祖本的位置にあると思われる二葉のツレの断簡が現れた（仁平道明「伝為藤筆惟規集断簡」・『惟規集』断簡「またしらて」）。一葉は朝倉茂入の極札「二条家為藤卿やむ事なき（印）」が付随する断簡で、寸法は縦二三・三糎、横七糎。詞書二行歌二行。二七番歌（「はしたかの…」）の詞書と歌を記したものだが、現存二本と本文のみならず傍書も一致している。もう一葉は縦二三・六糎、横六・三糎。歌二行詞書二行。二五番歌（「またしらて…」）と二六番歌の詞書（「うすにひにはへりし…」）が記されているが、これも本文と共に歌の合点記号も現存二本と一致している。鎌倉末から南北朝頃の書写とみられ、現存二本は、これらの断簡が切り出された写本の注記・記号なども含めてその本文を忠実に書写したものと考えられる。

＊

紫式部の同母弟・藤原惟規の勅撰集入集歌は『後拾遺集』三首（四六六・七二九・七六四）・『金葉集（二度本）』三首（三九一・三九五・五四七）・『千載集』一首（六八二）・『玉葉集』一首（一五五〇）・『風雅集』二首（一四六〇・一八五六）の計一〇首が伝えられている。ただし『風雅集』一四六〇番歌は『惟宗広言集』に、一八五六番歌は『三百六十番歌合』に藤原隆房の作として見えており、惟規の実作かどうかは疑わしい。当家集には勅撰集入集歌のうち『金葉集』(三九一・三九五)、『千載集』(六八二)、『玉葉集』(二五五〇)の四首が収められている。また、寛弘八年(一〇一一)、惟規が父為時の任国越後に赴いた折の作かと思われる、「越の方にまかりし時、もろともなりし女」という詞書を持つ歌(二二)もあり、紫式部の同母弟・惟規の家集と見てよい。なお、『金葉集』採録歌の二首は家集の末尾(三一・三二)にあることから、一見後人の補入かと思われるが、これはもとから家集に収められていたと考えられる。『金葉集』二度本の本文は二首とも家集と異なり、三奏本は三一番歌の本文を異にし、三二番歌は採録されていないからである。

詞書では惟規に敬語ではなく謙譲語「侍り」を用い、多くは一人称的な表現をとっていることから、惟規の手による自撰家集と思われる。しかし、清原元輔の「契りきなかたみに袖をしぼりつつ　末の松山波こさじとは」(七)、藤原定方の「あきならで逢ふことかたき女郎花　天の川原に生ひぬものゆゑ」(九)という他人詠の歌が収められていることから「明瞭な編纂意識の如きものはなく、むしろ少数の歌稿の無秩序な集積というべきであろうか」(『私家集大成』解題)、「惟規の残したほぼ自撰と思われる歌稿を、未整理のまま集め並べた形かとみられる」(『新編国歌大観』解題)、「清原元輔の歌であるが、これは後人が彼の遺稿をまとめる際、まぎれて入つたものと思ふ。惟規の愛誦歌であつたかもしれない。」(岡一男『源氏物語の基礎的研究』)など、未精撰の家集と捉える向きがある。

一方犬井善壽氏は、『惟規集』は一旦成立し、現存本文は書写の過程で誤謬が生じたものとされる。『金葉集』『続詞花集』『玉葉集』の撰者・編者は『惟規集』から詞書の脱落している歌を採る際、新しく詞書を作ったのであり、それは「『惟規集』現存二本の本文が『金葉集』『続詞花集』『玉葉集』の撰歌資料と同じ本文であったことを意味する」と述べられている(「『藤原惟規集』現存諸資料本文試解覚え書き」)。しかし、これらの歌集の本文と当家集の本文には、いずれも異同があり(『金葉集』=三一・三二、『続詞花集』=五・一一、『玉葉集』=一六)、現存『惟規集』と同じ本文が撰歌資料になったとは言い難い。また、氏は度々詞書の脱落を指摘されているが(五・六・一五・一七)、詞書だけ脱落するということが、そう度々起こるとも思われない。そもそも詞書が付されていなかったと考える方が自然であり、未精撰の状態と見るのが穏当である。

家集の中には越後下向途中に詠んだと思われる作（二一・二二）や、到着後の病床で詠んだと思われる作（二八）が収められている。惟規は死を予感して家集の編纂に着手したと思われるが、完成させるための力や時間など無論残されていない。歌に情熱を注いだ惟規の家集としては歌数も少なく、歌の配列も家集後半は雑然としており、完全に精撰されたものとは言い難い。しかし、前半部分の歌の配列は、割合整然としている。一～三番歌は「火」を歌材とし、秘めた恋心を詠む。四～六番歌は「水」を歌材とし、女をほのかに見、女から「しばし」といわれる程度に言葉を交わしと、わずかながら進展した恋の歌が並んでいる。それに続く元輔の歌は、女と契りを結んだことを詠んでおり、恋の展開に沿った配列となっているのである。また、前の歌とは「水」という歌材も共通している。惟規は歌の配列を考えたうえで、元輔歌をそこに採録したように思われる。

次に定方歌だが、この歌を『古今集』は女郎花歌群に収め、『古今和歌六帖』も「をみなへし」の項に収めている。定方の家集『三条右大臣集』も『亭子院女郎花合』の折の作として収める。一方『惟規集』はこの歌に「七月七日に」という詞書を付し、七夕歌や恋歌として採録した趣である。しかし、牽牛の歌とすれば、七夕当日、牽牛は天川に行かずに女郎花を眺めていたことになってしまう。惟規自身の恋歌と捉えようとすれば、秋にしか女に逢えないという状況が想像しがたい。歌の主眼はやはり、『古今集』等の配列が示す通り女郎花にあろう。その歌の内容と齟齬する詞書を、果たして後人が付すだろうか。この詞書は、定方歌が惟規の手によって採録されたことを物語っているように思われる（九番歌【鑑賞】参照）。当時は有名な歌に託して自分の想いを述べることがあった。惟規は七夕の日、逢瀬かなわぬ恋人にこの歌を書き贈ったのだろう。「秋ならで」は実際の状況と異なるが、「逢ふこと難き」嘆きは、女に充分伝わったはずである。

『惟規集』の中には詞書のない歌もある。遺稿として残された数々の歌の中から、なにゆえ後人はこの二首を選び出し、元輔歌には「女に」という分かりきった内容だけの簡素な詞書を、定方歌には歌の内容に沿わぬ詞書を付したというのだろう。元輔歌にしても定方歌にしても、勅撰集や『百人一首』等に採られるような彼らの代表作の一つである。これらの詞書はむしろ、人口に膾炙した先達の歌を敢えて家集に収めたのだという、惟規の意思表示のように思われる。

*

『惟規集』は「ある男、大和にて、ともしの火を見て」という詞書で始まるが、これは『伊勢物語』の冒頭「むかし、おとこ《（を）》、うゐ《（ひ）》かうぶりして、平城の京、春日の里にしるよしして、狩に往にけり」を模して書いたのだろう。『伊勢物語』の男主人公の歌の多くは、在原業平の作である。そのため平安時代、『伊勢物語』は業平本人が書いた日記とも考えられていた。しかし男の歌の中には『万葉集』や『古今集』の読み人知らずの歌などもある。後述するが、惟規は『万葉集』を直に読み、万葉集歌の特徴についても通じていたと思われるから、『伊勢物語』のこのような虚構の手法に気付いていたかもしれない。

また、歌物語的歌集『後撰集』にも次のような例がある。

おほつぶねに物のたうびつかはしけるを、さらに聞《き》き入《い》れざりければつかはしける

おほかたはなぞや我《わ》が名《な》の惜《を》しからん　昔のつまと人に語《かた》らむ（貞元親王）

返し

人はいさ我はなき名《な》の惜《を》しければ　昔も今も知《し》らずとを言《い》はん（おおつぶね）

（恋二・六三三・六三四）

おおつぶねの歌は『古今集』の中に、彼女の兄在原元方の歌（恋三・六三〇）として収められている。『後撰集』はこ

れを用いて贈答歌に仕立てたと思われる。

惟規の活躍期には藤原伊尹の『一条摂政御集』や伯父為頼の『為頼集』などの物語的家集も既に作られており、次に挙げるように、惟規には彼らの作を引いて詠んだ歌がある。

長谷より帰りて
旅寝してとほちの里のくるしさに　またぎぞ来つる三輪の外山を（一四）

翁《おきな》、大和《山と》よりかへりて、女のもとにやる
暮《く》ればとくゆきて語《かた》らん逢《あ》ふことの　とほちの里《さと》の住《す》みうかりしを（『一条摂政御集』三八）

まだ知らで心をさなく入りにけり　しげかりけらし恋の深山路（二五）
まだ知《し》らぬこひの山路《ぢ》にまどふかな　里《さと》へもさそふ人もあらなん（『為頼集』六八）

元輔や定方の歌は、こうした歌物語的家集の編纂の意図のもと採録されたのではなかろうか。

ところで、『源氏物語』の冒頭「いずれの御時にか、女御、更衣あまたさぶらひ給ひける中に、いとやんごとなき際にはあらぬがすぐれてときめき給ふ有けり」は、『伊勢集』の冒頭「寛平みかどの御時、大御息《宮す》所ときこえける御つぼねに大和《やまと》に親《おや》ある人さぶらひけり」を意識して書かれている。また、空蝉巻では「空蝉《うつせみ》のはにおく露《つゆ》のこがくれて　しのびしのびに濡《ぬ》るる袖《そで》かな」（『伊勢集』四四二）という伊勢の歌を、そのまま空蝉に詠ませている。空蝉自身の作として詠ませているのか、空蝉が古歌を諳んじているのか解釈の分かれるところだが、このような『源氏物語』の手法は『惟規集』と通底するようで興味深い。

二　惟規の歌風

〈河原院グループの影響〉

惟規の歌の表現を見ていくと最初に気付くのが、初期定数歌の作者やその周辺の歌人、つまり曾禰好忠・源順・源重之・大中臣能宣・恵慶法師ら河原院グループの影響が顕著なことである。

ある男、大和にて、ともしの火を見て

牡鹿立つ外山の野原ともすひと　身をのみ焦がすなにの思ひそ（一）

「ともし」は、『万葉集』では海人の漁火として詠まれたが、平安時代に入り、蛍の光や狩人の灯す篝火として詠まれるようになった。勅撰集での初出は『拾遺集』で四首。私家集を見ても、平安初期の用例は『小町集』（一首）・『業平集』（二首）ぐらいだが、後撰集時代になると、『海人手古良集』（四首）・『能宣集』（三首）・『保憲女集』（二首）・『重之集』（一首）・『恵慶集』（二首）等、定数歌作者が好んで詠んでいたことが分かる。

藻屑たくあまの蚊遣火それすらも　すずろにかかる下燃えはせじ（二）

「蚊遣火」の用例も同様で、勅撰集では『古今集』一首、『拾遺集』二首と少ないが、私家集を見ると、『順集』（一首）・『能宣集』（四首）・『好忠集』（二首）と、河原院歌人の家集に目立って認められる。

人知れぬ思ひを身こそ岩代の　野焼くけぶりのむすぼほれつつ（三）

「岩代《いはしろ》」と「言《い》はじ」を掛けた先例は、「わがことはえもいはしろの結《むす》び松《まつ》　ちとせは経《ふ》ともとけじとぞ思《おも》ふ」（『好忠集』五八六）・「いはしろの森《もり》のいはじと思へども　しづくに濡《ぬ》るる身をいかにせん」（『恵慶法師集』二五〇）・「ひさしきをなにかは言《い》はむいはしろの　松《まつ》のむすびはおひかはるとも」（『輔親集』七三）の他、大江匡衡（『赤染衛門集』六一）・増基法師（『夫木和歌抄』九九八五）の五首である。また、この歌では「煙」・「むすぼほる」が縁語として詠み込まれているが、惟規が没する寛弘八年（一〇一一）頃までにこの縁語を詠んだ歌は、「この世《よ》をも後《のち》をもいかにいかにせん　もえむけぶりもむすぼほれつつ」（書陵部蔵御所本三十六人集本『能宣集』一六九）・「いまはとて燃えむけぶりもむすぼほれ　絶えぬ思ひのなほや残らむ」（『源氏物語』柏木巻・五〇一　柏木）・「それと見《み》よ都《みやこ》のかたの山ぎはに　むすぼほれたるけむりけむらば」（『和泉式部集』二一四）の三首のみ（『源氏釈』には「むすぼほれもえしけぶりもいかがせん　君だにこめよながき契《ちぎり》を」（一五二）という歌が記されている）。このうち、能宣歌は句の形や詠まれた位置も一致しており、惟規はこれを参考にしたと考えてよい。

この他、「思ひやれつらくひまなきはらの池に　つがはぬ鴛鴦の夜半のうき寝を」（一一）に詠まれた「鴛鴦」や「つらら」も、「しもこほりこころもとけぬ冬の池《いけ》に　夜《よ》ふけてぞ鳴くをしのひと声」（『元真集』一六四）・「東風《こち》に氷うすくて池のおもの　つらくももゆるをしのかもどり」（『海人手古良集』二）など、定数歌作者が好んで詠んでいる。また、「はし鷹のすがへる山のはしを知らで　心をさなく入れるつみなり」（二七）に詠まれた「はしたか」の先例約二〇首の作者にも、源順・平兼盛・大中臣能宣・恵慶法師・清原元輔・源道済らが名を連ねている。

〈万葉集の影響〉

河原院グループの中には〈梨壺の五人〉の源順・大中臣能宣・清原元輔がいる。彼らに命じられた仕事の一つが

『万葉集』の訓読作業である。その影響もあってか、河原院グループ歌人達は万葉表現を好んで用いており、その特徴は惟規の歌にも顕著に認められる。

荒磯《あらいそ》の浪にやつるる葦の根の　かくれあらはれ誰かたづねし（一三）

「荒磯」は「あらいそ」とも「ありそ」ともいう。三代集や『古今和歌六帖』では万葉集歌に「あらいそ」の読みを当てており、その他の歌では「ありそ」が多く用いられている。「あらいそ」は万葉調の表現と認識されていたようである。平安時代の「あらいそ」の用例を見ると、私家集では『兼盛集』『能宣集』『重之集』『好忠集』に認められる。その中の一首「あらいそのなみまに生《お》ふる玉藻《たまも》だに　わがごとものは思《おも》ひ乱《みだ》れじ」（『能宣集』三〇四）は、惟規の歌と傍線部の表現が一致し、恋に煩悶するさまを詠む点も通じている。惟規は能宣の歌を参考にしたと思われる。このように、惟規の万葉表現摂取の経路の一つとして、河原院歌人の作歌が考えられるのである。

藻屑たくあまの蚊遣火それすらも　すずろにかかる下燃えはせじ（二）

類義語の「すら」「だに」は、もともと事柄の内容によって使い分けられていたのが、中古以降、和文で「だに」を、漢文訓読文で「すら」を使うようになった。和歌における「すら」の用例も『万葉集』には多いが、平安時代前期は『貫之集』『躬恒集』『古今和歌六帖』（『万葉集』『貫之集』との重複あり）に散見されるばかりである。この古体な「すら」を河原院周辺の歌人たちは積極的に用いたらしく、『順集』『海人手古良集』『恵慶集』『好忠集』『千穎集』『保憲女集』『和泉式部集』『道済集』に用例が見られる。中でも好忠は六首と多い。

たびたび返り事せねば

言ひ初めてただにはやまじ高山の　人のふみみぬ繁りなりとも（二四）

返り事侍りしかども、忘れ侍りにけり

又いかなる折にか

まだ知らで心をさなく入りにけり　しげかりけらし恋の深山路（二五）

まそかがみ直《ただ》にし妹《いも》をあひ見《み》ずは　我《あ》がこひやまじ年《とし》はへぬとも（『万葉集』巻一一・二六四〇・二六三二）

〈直接にあの子に逢わないでは、私の恋は止まないだろう。何年経っても〉

やまとの室生《むろふ》の毛桃《けもも》もとしげく　言《い》ひてしものをならずはやまじ（同巻一一・二八四五・二八三四）

〈大和の室生の毛桃の木の幹が茂っているようにしげしげと言い寄ったからには、桃の実のように恋を実らせないではすまないだろう〉

二四番歌に詠まれた「やまじ」の先例は約二〇首で、そのうち『万葉集』が八首を占める。『万葉集』の歌はいずれも右のように、恋を成就させようという決意を詠っており、惟規もそれに習って詠んでいる。「高山」の先例も一首を除き全て『万葉集』の歌である。そして、二五番歌の「けらし」だが、この語は藤原公任が『新撰髄脳』に「かも、らしなどの古詞などは常に詠むまじ。」と記しているように、平安時代は詠まれることの少なくなった古体表現の一つである。これを曾禰好忠・大中臣能宣は四首、平兼盛・源道済は三首と積極的に用いているのである。

とにかくにかけてな言ひそ然りとて　ならぬものゆゑ我頼めなり（一〇）

霜枯れの萱が下折れとにかくに　思ひみだれて過ぐすころかな（『後拾遺集』恋三・七二九）

惟規は「とにかくに」という表現を好んだらしく、右の二首に詠み込んでいる。類似表現「ともかくも」は多く詠まれるが、「とにかくに」の先例は二首、「とにかくに物はおもはず飛騨匠《ひだたくみ》　うつ墨縄《すみなは》のただひとすぢに」（『拾遺集』恋五・九九〇　柿本人麻呂／『万葉集』二六五六・二六四八番歌の異伝）・「とにかくにいまさらさらにいはしみづ　はや定《さだ》めよ右は勝《まさ》ると」（『謎歌合』八　好忠）のみである。以上の例からして、惟規の万葉表現摂取には河原院グループの影響が少なくなかったと考えられるのである。

惟規が『万葉集』から直接摂取した表現もある。

たのむかな細江にさせるみをつくし　深きに負けぬ人はあらじと（一二三）

とほつあふみいなさ細江《ほそえ》のみをつくし　我《あれ》を頼《たの》めてあさましものを（『万葉集』巻一四・三四四八・三四二九）

平安時代、「みをつくし」は深い愛情の喩として詠まれたが、右の万葉集歌では澪標が浅瀬にあることから、薄情な相手の喩として詠まれている。「つれなき女」に贈ったという惟規の歌は、この喩を用いているのである。この万葉集歌には、「とほたふみいなさ細江《ほそ》のみをつくし　われを頼《たの》めてあらましものを〈私を信頼させてくれればよかったのに〉」（『古今和歌六帖』一二六〇）という異伝もあるが、この異伝本文では、薄情な相手を澪標に準える万葉集歌本来の趣向が失われている。惟規が『古今和歌六帖』を介してではなく、『万葉集』から直接に歌を摂取していたことを窺わせる。次の例もまたしかり。

なでしこのその花にしかあらずして　手に取り持ちてこふたびなでん（三〇）

なでしこがその花《はな》にもが朝な朝《あささ》な　手《て》に取り持ち《とも》て（手取持而）こひぬひなけむ

（『万葉集』巻三・四一一・四〇八　大伴家持）

家持歌は『古今和歌六帖』にも収められているが、本文は「なでしこのその花にもかあしるあしる　手《て》に折り持ち《を》てこふるひなけん」（三六二〇）と小異がある。

また、惟規歌の「こふたび」は家持歌の「こひぬひ」に対応させた表現だが、家持歌と同じく「恋ふ」であれば、「たび」に掛かるから「こふる」と連体形に活用されるはずである。連体形が「こふ」という形をとるのは四段活用の「乞ふ」または「祈ふ」である。この「乞ふ」「祈ふ」は、「木綿《ゆふ》たたみ手《て》に取り持ち《とも》てかくだにも　我《あれ》はこひなむ君《きみ》に逢《あ》はじかも」（巻三・三八三・三八〇　大伴坂上郎女）のように、「手に取る」・「取り持つ」が共に詠み込まれること が少なくない。惟規は家持の歌を土台にしつつ、そこに詠まれた「手に取る」・「取り持つ」の万葉調の詠み方も取り込んで詠んでいるのである。

惟規は万葉調の表現を河原院グループ歌人から間接に摂取するだけではなく、自身で『万葉集』そのものを読み、その歌の特徴について通じていたと思われる。

〈曾禰好忠の影響〉

河原院の歌人たちの中でも特に曾禰好忠は、個人の歌風として指摘されるほど『万葉集』摂取が顕著である。惟規がひとしお影響を受けたのが、この好忠であったように思われる。好忠の歌の特徴としては他に、万葉表現の誤用や造語の使用が指摘されているが、これが惟規歌の中にも認められるのである。

島風にしばたつ波の立ちかへり　うらみてもなほ頼まるるかな（三二）

この歌に詠まれた「島風」は、藤原清輔の『和歌初学抄』の中に歌語として挙げられているが先例はなく、惟規の造語と思われる。この他、「我頼め」（一〇）・「深山路」（二七）・「生まれゆく」（二八）・「いそね」（二九）なども先例のない表現で、惟規の歌には造語が多いのである。

好忠の個々の歌からの影響も認められる。例えば、先述の通り惟規は「とにかくに」という表現を二首に詠んでいるが、これは「とにかくにいまさらさらにいはしみづ　はや定《さだ》めてよ右は勝《まさ》ると」（『謎歌合』八　好忠）に影響を受けたのであろう。また、惟規は次のように「外山」という語も二首に詠んでいるが、これも好忠の影響であろう。「外山」の先例は約二〇首。そのうち好忠の歌が四首を占めている。

牡鹿立つ外山の野原ともすひと　身をのみ焦がすなにの思ひそ（一）
旅寝してとほちの里のくるしさに　またぎぞ来つる三輪の外山を（一四）

「牡鹿立つ…」の歌には、妻を求めて鳴く牡鹿と、照射を用いた鹿狩とが詠まれているが、平安時代、牡鹿は秋の風物として、鹿狩は夏の風物として定着していた。平安時代の和歌的発想では相容れないものなのだが、『万葉集』では「山辺《やまへ》には猟夫《さつを》のねらひかしこけど　牡鹿《をしか》なくなり妻《つま》が目《め》を欲《ほ》り」（巻一〇「秋雑歌」・二一五三・二一四九）のように鹿狩は秋の風物として詠まれ、好忠も「ともしすと秋《あき》の山辺《やまべ》にいる人の　弓《ゆみ》の矢風《やかぜ》にもみぢ散《ち》るらし」（『好忠集』「九月をはり」二七四）という歌を詠んでいる。特に好忠歌は「ともし」が詠まれており、惟規はこの歌を念頭に置いていたように思う。

思ひやれつらくひまなきはらの池に　つがはぬ鴛鴦の夜半のうき寝を（一一）

この歌は「鴛《を》鴦鸍《したかべ》鴨さへ来居る蕃良《はら》の池の　や　玉藻はま根な刈りそ　や　生ひも継ぐがに」（上野国風俗歌）を土台にしている。この風俗歌が人口に膾炙し、「はらの池」の景物として玉藻が知られていたことは、「はらのいけに生ふる玉藻《たまも》のかりそめに　きみを我がおもふ物ならなくに」（『古今和歌六帖』一六七三）という歌や、『枕草子』の「はらの池は、『玉藻はなかりそ』といひたるもおか《（を）》しうおぼゆ」（「池は」）という記述等から知られる。惟規が池の景物として氷を詠むのは、「こほりするみはらの池《いけ》の池堤《づつみ》　おほはぬ箱《はこ》の鏡《かがみ》とぞおもふ」（『好忠集』三四八）という好忠歌の影響であろう。

『惟規集』の中には他にも、趣向や語句に好忠の影響を窺わせる歌が散見される。全て羅列すると冗長になるので、ここでは主立ったものをいくつか例としてあげた。詳しくは注釈本文を参照していただければと思う。

〈惟規の感性と理性〉

惟規は河原院グループの歌風を摂取したといっても、むろん彼らの模倣に終始していたわけではない。ここでは先例との関係から離れて惟規の歌の特徴について見てきたい。

　ある男、大和にて、ともしの火を見て
牡鹿立つ外山の野原ともすひと　身をのみ焦がすなにの思ひそ（一）

　女に
藻屑たくあまの蚊遣火それすらも　すずろにかかる下燃えはせじ（二）

　題不知

霜枯れの萱が下折れとにかくに　思ひみだれて過ぐすころかな（『後拾遺集』恋三・七二九）

これらの歌については既に、岡一男氏が次のように述べられている。

第一首は巻頭の歌、（中略）鹿の立つ外山の裾原の照射の火のように身をのみ焦がしてゐるが、それは何の思ひのためぞといふことで、上の句は眼前の景に触発された有心の序である。第二首は、漁人どもが蚊遣に焚く藻屑の火、それさへもこんなにやたらにぶす〳〵下燃えはすまいといふので、やはり上の句は序になつてをり、想像の中に海辺の光景を描いて、わが下たく悶々の情を美しく表現してゐる。『後拾遺集』恋三の彼の歌（中略）も、上二句が眼前の粛殺たる風物をとらへて、有心の序となつてをり、この三首は縁装に用ひる題材こそ異なれ、織巧な序詞をもちひて情念の苦しき悶えを美しく表現している。

（『源氏物語の基礎的研究』）

このように、惟規には叙情的な恋歌が多いけれども、その一方で、自らの感情や意思に埋没することなく、世の中のあり様も自身の心も、相対化して多角的に捉えていたように思われる。そして、そうした理性的認識を表現するために用いたのが、万葉表現や新造語、常套表現の言い換えではなかったか。

たのむかな細江にさせるみをつくし　深きに負けぬ人はあらじと（二二）

この歌は「とほつあふみいなさ細江《ほそえ》のみをつくし　我《あれ》を頼《たの》めてあさましものを」（『万葉集』巻一四・三四四八・三四二九）を本歌としている。この万葉集歌では、「澪標」は相手の薄情な心の比喩として詠まれている。一方、平安時代の「澪標」は「なにはがた何にもあらずみをつくし　ふかき心のしるしばかりぞ」（『後撰集』雑一・一一〇三　大江玉淵朝臣女）のように「身を尽くし」を掛け、自らの想いの深さを訴える表現であった。惟規はその〈相手の心の浅さ〉と〈自分の心の深さ〉という対照的なイメージを二つとも活かして右の歌を詠んでいる。同じものでも捉え方によってイメージは正反対のものとなる。惟規はそのことを意識化していたことが分かる。

さすがなる女に
とにかくにかけてな言ひそしかりとて　ならぬものゆゑ我頼めなり（一〇）

惟規はこの歌で「人頼めなり」という常套表現を「我頼めなり」と詠み換えている。「人頼め」は「けふのうちにいなともうとも言《い》ひはてよ　人だのめなることなせられそ」（『信明集』七三）のように、当てにならない期待をさせる相手への非難を表す。「さすがなる女」に「とにかくにかけてな言ひそ」と詠みかける惟規も、女の振る舞いを咎めたいのだ。その想いは常套表現「人頼め」をそのまま用いた方が相手に明確に伝わろう。それを「我頼め」と詠み換えたのは、自身にも咎めるべき点があると考えたからだ。「我頼め」が受ける「しかりとて…ぬものゆゑ」という表現は、「恋すればわが身は影と成りにけり　さりとて人に添《そ》はぬものゆゑ」（『古今集』恋一・五二八　よみ人しらず）・「遥なる程にもかよふ心かな　さりとて人の知《し》らぬものゆゑ」（『拾遺集』恋四・九〇八　伊勢）を踏まえていると考えられる。いずれも無益だと知りつつ慕ってしまう恋心を詠んだ歌である。惟規は、女が逢ってはくれないと理解していながら、女の態度を都合よく解釈し、脈があるのではないかと考えてしまう自分をも戒めようとしているのである。「我頼め」は、こうした深い自己凝視によって生まれたのである。常套表現を言い換え、意味を二重化することで、複雑に屈折する恋心を単純化することなく、三十一文字の中に詠い上げたのだ。

若き人を、親の頼めければ、わづらふ頃

若葉さす岩根の松のおひすゑを　生まれゆく身のいかが頼まむ（二八）

寛弘八年（一〇一一）、惟規は父為時の後を追って越後に下向し、到着後間もなく病没したという。この歌はその折に詠んだものと思われる。為時は惟規の親心をかき立て、生きる気力を湧かせようとしたらしい。

「若葉さす…松のおひすゑ」は、惟規の子どもの将来を指す。松はしばしば「ゆくすゑ」と共に詠まれるが、惟規はこれと似て非なる「おひすゑ」という特異な表現を使っている。「おひ」もまた「松」と共に詠まれる語で、一つは「松もおいてまた苔《こけ》むすに石清水　行末とほくつかへまつらん」（『貫之集』八〇六）の「生ふ」であり、もう一つは「いたづらに老いにけるかな高砂の　松やわが世のはてをかたらむ」（『貫之集』一九九）の「老ゆ」である。「ゆくすゑ」が抽象的な表現であるのに比して、「おひすゑ」はその語感によって、子どもが青年あるいは壮年になった姿を具体的にイメージさせる。

「生まれゆく身」も人の行く末を含意する語句であり、これもまた、他に例のない特異な表現である。「生まる」という語からは幼い子どもの姿が想起されるが、「いかがたのまむ」の主格だから惟規自身のことを指している。死期の迫った惟規に「生まる」という語は相応しくないようだが、「契《ちぎ》りありてまたはこの世《よ》に生《う》まるとも　面《おも》がはりして見《み》もやわすれむ」（『実方集』一四九）と詠まれるように、当時は輪廻転生思想が浸透しており、死期の迫った惟規は、間もなく新たな世に生まれる身といえるのである。また、「ゆく身」は「いま幾日《いくか》ありとも見えぬ年《とし》よりも　ふりゆく身こそ悲《かな》しかりけれ」（『斎宮女御集』八八）のように、死に近づいてゆく身を詠むことが少なくない。惟規は、自分が死んでこの世から去ってゆくことを、新たな世に生まれることとして捉えている。

幼い我が子には青年・壮年の姿を見、死にゆく我が身は新しく生まれる者と眺める。惟規は自らの死を、延々と繰り返される生き死にの一端として巨視的に捉えている。この歌も、物事を一歩離れたところから冷静に捉えて詠んでいる。そして、その要となっているのが「おひすゑ」「生まれゆく身」という特異表現なのである。

このように、惟規は常識的発想や自らの感情に埋没することなく、物事を理性的に見つめていた。そして、その目で捉えた多面的で複雑な様相を三十一文字の中に詠い上げるべく用いたのが、万葉表現や新造語などの特異表現であったように思われるのである。

三　惟規の人生

藤原惟規は越後守藤原為時と摂津守藤原為信女との間に生まれた。二人の間には既に女子二人がいたが男子の誕生は初めてで、漢学者であった為時の喜びはひとしおであったろう。家門を守るべく学問の世襲化が進められていた時代で、『枕草子』「すさまじきもの」の段には「博士のうちつゞき女児むませたる」と記されている。しかし、出産が続いたためか母は間もなく死去し、為時はその後も他の女性を邸に迎えることなく、自らの手で幼ない惟規らを養育していたらしい。

『紫式部日記』の中に、幼年期の惟規について語った一節がある。

この式部の丞といふ人の、童にて書読み侍し時、聞きならひつゝ、かの人はを《お》そう読みとり、忘るゝ所をも、あやしきまでぞさとく侍しかば、書に心入れたる親は、「口惜しう。男子にて持たらぬこそ幸なかりけれ」とぞ、つねに嘆かれ侍し。

従来、惟規は紫式部の兄と考えられていたが、岡一男氏は右の一節を引き、「『この式部丞といふ人の』と惟規を官名で呼んでゐるのは、惟規が弟で、他の弟惟通と区別するためで、若し彼が兄だつたら『兄なる人の』とか、『このせうとなる人の』とか言つただけでわかつたであろう」と述べられた。以降、惟規を弟と考えるのが通説となっている。紫式部と惟規の出生年について、岡氏は、紫式部が天延元年（九七三）、惟規が同二年（九七四）と推定、今井源衛氏は紫式部が天禄元年（九七〇）、惟規が同三年（九七二）と推定されている。

＊

その後の惟規の足跡は、公卿日記の中に垣間見ることができる。

寛弘元年正月一一日「女御尊子仰可作位記由少内記宣［惟］規」（『御堂関白記』）

寛弘二年一一月一〇日「少内記惟規賜崇福寺申爵名薄［簿］」（『御堂関白記』）

寛弘四年正月一三日「被補蔵人右兵衛佐道雅了、雖若年故関白鍾受（愛カ）孫也、仍被補也者、兵諸（部カ）丞広政・惟規等也、乍置所雑色・非蔵人等被補件人事、当時所候蔵人年若、又可任非蔵人・雑色等年少、仍件両人頗年長、蔵人宜者也、仍所補被［被補］耳、任後人不知賢愚」（『御堂関白記』）

寛弘四年七月一二日「令省丞惟規奉仁王経一部」（『権記』）

寛弘五年七月一七日「自内裏有御書、蔵人兵部丞藤原惟規為御使参入、仍寝殿第一間、鋪茵召之、公卿四五人勧盃、酔如泥、有御返事、次給禄、織物黄葉掛、紅色袴相加、惟規取禄懸手、乍居座小拝、々々一度、次立座、於庭中又一拝、了帰参」（『御産記部類』所収『不知記』）

寛弘五年一二月一五日「後夜御導師錫杖給綿、五位蔵人広業・蔵人惟規・惟任執盛綿之筥就御導師下頒給、但惟規・惟任執筥、先例一筥盛御導師綿、今一筥盛弟子僧綿、而乍二筥、納御導師綿、惟規更就簾下執盛弟子綿之筥、皆給第（弟カ）子、須普頒給也、而以数帖綿給一人、他僧等奪取之間極似狼藉、蔵人似失古実、諸卿傾奇」（『小右記』）

寛弘一～二年（一〇〇四～一〇〇五）に就いていた少内記は、詔勅宣命の草案を作り位記を書く職であり、惟規は父と同様文章生出身であったと思われる。寛弘四年（一〇〇七）正月一三日、六位蔵人に補せられる。『権記』同年七月一二日条に「省丞」とあるから、蔵人に補任された時、既に兵部丞であったことが分かる。『勅撰作者部類』は蔵人在任期間を「至寛弘八年」としているから、その年の春の越後下向直前まで足かけ五年、蔵人の職にあったことになる。また、先に挙げた『紫式部日記』の記事では「式部丞」と呼ばれているが、この部分は寛弘六年の記事と寛弘七年の記事の間にあるから、惟規は寛弘六・七年頃、式部丞に転じたと思われる。

　蔵人補任時の年齢は、出生を天延二年とすれば三三歳、天禄三年とすれば三五歳である。右に挙げた『御堂関白記』寛弘四年正月一三日条によると、他の候補者が年少者ばかりであったことから、惟規は年齢が長けているということだけで蔵人に任ぜられたという。道長は更に「任後人不知賢愚」と記しているが、取り立てて優れてはいなくても、並みの人物であれば、こうは記さないであろう。『不知記』寛弘五年七月一七日条によると、土御門殿にいる彰子のもとに天皇の使いとして参上した惟規は、公卿四・五人に盃を勧められ泥酔し、禄を給わっても作法通りに拝舞することなく、座ったままお辞儀だけして退出してしまったという。また、『小右記』同年一二月一五日条によると、御仏名結願の夜、導師とその弟子達に布施の綿を分配する際、惟規は導師の分の綿を弟子の箱に盛りつけてしまい、更には、弟子達に平等に配るところを一人の弟子に与えてしまった。そのため僧侶達が綿を奪い合う騒動となったという。道長が「不知賢愚」と記したのは、このような惟規の有様を既に知っていたからであろうか。『紫式部日記』にも次のような一節がある。

　御厨子所の人もみな出で、宮のさぶらひも滝口も、儺やらひ果てけるまゝにみなまかでにけり。手をたゝきのゝしれど、いらへする人もなし。御膳宿の刀自を呼びいでたるに、「殿上に兵部丞といふ蔵人、呼べ〳〵」と、恥も忘れて口づからいひたれば、たづねけれど、まかでにけり。つらき事かぎりなし。式部の丞資業ぞまい《(ゐ)》りて、ところ〴〵のさし油ども、たゞ一人さし入れられてありく。

寛弘五年の大晦日、宮中に強盗が押し入った。紫式部は恐ろしさに震え、宮中にいるはずの惟規を呼び寄せようとしたが、既に退出していたというのである。宮中から退出していたのは惟規に限ったことではないのだが、当時彼は宮中の警護を担う兵部丞であった。この時すかさず駆けつけて事後処理を進めたのは式部丞藤原資業。惟規と同じ六位蔵人であった。資業は翌寛弘六年正月筑後権守に任ぜられ、その後も同七年大内記、同八年東宮学士と、順調に昇進を重ねていった。清少納言は『枕草子』「めでたきもの」の段で、近年の六位蔵人は六年の任期をまともに勤め上げず、二・三年経つと有力者に取り入ってさっさと叙爵し、国司に任ぜられて殿上を去っていくと慨嘆しているが、資業はそのような出世街道を進んでいったのである。一方の惟規は、寛弘八年に叙爵するまで足かけ五年、六位蔵人のままであった。その叙爵も、父為時の越後下向に同伴するためであった。周囲の評価もさることながら、惟規自身、官位昇進に意欲的ではなかったように思われる。

＊

一方、歌の道には力を注ぎ、人々の評価も高かったらしい。

大斎院と申しける斎院の御時に、蔵人惟規、女房に、物申さむとて、忍びて、夜、参りたりけるに、侍ども、みつけて、あやしがりて、「いかなる人ぞ」と、問ひ尋ねければ、隠れそめて、え誰ともいはざりければ、御門をさして、とどめたりけるに、かたらひける女房、院に、「かかる事なむ侍る」と、申しければ、「あれは、歌詠む者とこそ聞け。とく、ゆるしやれ」と、仰せられければ、ゆるされて、まかり出づとて、詠める歌、

神垣は木のまろ殿にあらねども名のりをせねば人とがめけり

と詠めるを、斎院聞こし召して、あはれがらせ給ひて、「この、木のまろ殿といへる事は、我こそ聞きし事なれ」とて、仰せられける事を、女房うけたまはりて、この惟規に語りければ、「この事詠みながら、くはしくも知らざりつる事なり」とて、「このことのわびしかりつれば、この事を、よく承らむとて、ありける事なりけり」とて、よろこびけるとぞ、盛房語りし。その惟規が先祖にて、よく聞き伝へたるとぞ

（『俊頼髄脳』）

恋人の斎院中将に逢おうと斎院に忍び込んだ時のこと。警護の武士たちが惟規を見つけて誰かと尋ねるが、惟規は返事をしない。そこで武士たちは門を閉ざし、惟規を閉じこめてしまう。困り果てた斎院中将が主の大斎院選子内親王に事情を話したところ、惟規は歌詠みだということで許され、外に出ることができたという。その時惟規が詠んだ歌に選子は感心し、歌に詠まれた「木の丸殿」の由来を斎院中将に語ったというのだが、これが惟規の目論見だった。惟規は選子から「木の丸殿」の由来を聞くために、事前に歌を用意し、わざと斎院内に閉じこめられたというのである。

風雅を追い求める姿勢は死の直前まで変わらなかった。寛弘八年（一〇一一）二月一日、父為時は越後守に任ぜられた。老年の父を気遣ったのであろう、惟規は蔵人兼式部丞の職にあったが直ちに叙爵し、父の後を追って越後へ向かった。その道中で病に倒れ、到着後間もなく没した。その時の様子が伝えられている。

さて、よろづにあつかひけれども癒えずして、むげに限りになりにければ、「今は、この世の事は益なかり。後の世の事を思へ」と云ひて、さとりあり、やむごとなかりける僧を枕上に据ゑて、念仏など勧めさせむとしけるに、僧、惟規が耳にあてて教へけるやう、「地獄の苦患はひたぶるになりぬ。云ひつくすべからず。まづ、中有と云ひて、生《しやう》未だ定まらぬほどは、遙かなる広野に鳥獣などだに無きに、ただ独りある心細さ、この世の人の恋しさなどの堪へがたさ、おしはからせ給へ」など云ひければ、惟規これを聞きて、息の下に、「その中有の旅の

空には、嵐にたぐふ紅葉、風にしたがふ尾花などのもとに、松虫などの音などは聞こえぬにや」とためらひつつ息の下に云ひければ、僧、憎さのあまりにいと荒らかに、「何の料《れう》にそれをば尋ね給ふぞ」と問ひければ、惟規、「しからば、それらを見てこそはなぐさめめ」と、うちやすみつつ云ひければ、僧、この事を、「いと狂ほし」と云ひて、逃げて去にけり。

（『今昔物語』巻三一・第二八語）

為時の手厚い看護もむなしく、惟規は危篤状態となった。今はもう来世の救済を願うしかないと、為時は引導の僧を惟規の枕上に招じた。僧は死後の世界の恐ろしさや侘びしさを説き、念仏を唱えるよう勧めるが、惟規は中有の空に紅葉や尾花はあるのかと尋ねる。それらを見て心の慰めにしようというのである。それを聞いた僧は怒って帰ってしまったという。

＊

惟規が歌人としての人生に重きを置き、風雅に情熱を傾けるようになったことには、父為時と姉紫式部の存在が大きく影響したように思う。先に引いた『紫式部日記』の一節によれば、惟規は漢籍を学んでも憶えが悪く、それを傍で聞いていた紫式部の方が早く憶えてしまった。紫式部の聡明さに父は驚嘆し、紫式部が女に生まれたことを嘆いたという。そのようなやりとりが日々繰り返されていたというから、惟規は自分の学才のなさを言われ続けているように感じたであろうし、自身でもそう思うようになったのではなかろうか。また、物心が付いてからは、学才があっても官位昇進のままならない世の実情も理解しただろう。時はちょうど、藤原摂関家による専制政治の時代であった。

＊

父の為時は一条朝を代表する詩人・漢学者で、『本朝麗藻』（一三首）・『類聚句題抄』（五首）・『和漢兼作集』（七首／

現存五首）等に詩を残す。当代の碩学大江匡衡は、藤原行成に送った書の中に「為憲・為時・孝道・敦信・挙直・輔尹、この六人は凡位を越ゆる者なり」と記している（『江談抄』）。また、後に『続本朝往生伝』も「文士は則ち匡衡・以言・斉名・宣義・積善・為憲・為時・孝道・相如・道済（中略）皆是天下の一物なり」と記している。その為時であっても官途ははかばかしくなかった。貞元二年（九七七）三月、師貞親王（後の花山天皇）の読書始の儀に文章生ながら副侍読として奉仕し、永観二年（九八四）八月、花山天皇即位と共に式部丞・蔵人に補せられた。しかし寛和二年（九八六）、天皇の退位と同時に早くも職を失った。その後一〇年間、散位の時を送るのである。長徳二年（九九六）になって漸く任ぜられたのは下国淡路の国守であった。不満に思った為時は「苦学の寒夜は紅涙巾を盈し、除目の春の朝は蒼天眼にあり」という哀訴の申文を提出、越前守の職を得た。しかし、その任が果てると再び散位の時を過ごす。寛弘五年（一〇〇八）に蔵人左少弁。寛弘八年（一〇一一）に越後守となり、任地へ下向。この時はもう、惟規が気遣って後を追うほど年老いていた。

為時が職を失った寛和二年、惟規は十代半ばであった。自分の将来について思いを巡らせる青年期、惟規は職にあぶれた文人の父の姿を見続けたのである。そうした中、不遇の憂いを漢詩文で慰める父の姿も目にしたことだろう。為時は散位の時代、清貧に甘んじ、読書や詩作に親しんで過ごしていたらしい。次のような詩を作っている。

春日同賦閑居唯友詩

閑居希有故人尋　益友以詩興味深
苦嗜独題如合志　緩吟自聴便知音
思凝草木過連璧　義入風雲勝断金
若不形言兼杖酔　何因安慰陸沈心（『本朝麗藻』）

門閑無謁客
家旧門閑只長逢　時旡謁客事條空
翟公去尉塵長息　袁氏安貧雪不通
草含閾生秋露白　苔封扉帯夕陽紅
久忘倒履送迎礼　別作洛中泰適翁（『本朝麗藻』）

政治状況からしても自分の能力からしても、惟規は官人としての明るい前途を思い描くことなど出来なかっただろう。それゆえ官途には見切りをつけ、風雅の世界に己の活路を見出したのではなかろうか。むろん惟規が選んだ風雅の道は、漢詩でなく和歌である。

＊

様々な歌壇やサロンがある中でも、惟規は河原院グループから歌を学んだ。それは歌人達の境遇や心情に、自分と近いものを感じたからであろう。河原院グループ歌人の多くは藤原摂関政治によって排斥された名流の末裔で、身分は五位か六位の下級貴族である。生まれながらに将来の栄達を阻まれた彼らは、不如意な現実世界から目を背けた。そして安法法師の住む河原院に集い、風雅の世界に沈潜した。

惟規の家もかつては名門と呼ばれていた。父方の曾祖父兼輔は従三位中納言にまでなった人物で、女桑子を醍醐天皇に入内させている。兼輔は古今集歌人の庇護者でもあり、彼の邸宅・堤中納言邸には紀貫之・凡河内躬恒らが集った。その家が名門として知られていたことは、兼輔の一男雅正と伊勢との贈答歌から窺い知ることができる。

となりに住《す》み侍りける時、九月八日、伊勢が家の菊に綿《わた》を着《き》せにつかはしたりければ、又の朝《あした》、折《を》りてかへ

すとて
数《かず》しらず君が齢《よはひ》を延《の》ばへつつ　名《な》だたる宿《やど》の露《つゆ》とならなん（伊勢）
返し
露だにも名だたる宿《やど》の菊ならば　花のあるじや幾世《いくよ》なるらん（雅正）（『後撰集』秋下・三九四・三九五）

しかし雅正の官位は父に及ばず、豊前・周防の国守となり、刑部卿にもなったが、位階は従五位下にとどまった。その雅正の息子として生まれたのが為時である。

紫式部は自分の生まれた家を誇りに思っていたらしく、『源氏物語』に兼輔や雅正らの歌を度々引用している。「人の親《おや》の心は闇《やみ》にあらねども　子を思ふ道にまどひぬるかな」（『後撰集』雑一・一一〇二）は、最も多く引用される歌だが、『大和物語』によれば、これは兼輔が桑子の入内を案じて詠んだ歌だという。また、桐壺更衣の美しさを述べる「花鳥の色にも音にもよそふべきかたぞなき」（桐壺巻）というくだりは、雅正が貫之に贈った「花鳥《はな》の色をも音《ね》をもいたづらに　物うかる身は過《す》ぐすのみなり」（『後撰集』夏・二一二）という歌が引かれている。しかし、かつて名門と呼ばれた家への矜持は、一方で現在の家の没落をも強く意識させたらしい。『源氏物語』には、受領階級ながら光源氏の妻となった明石君という女君が登場する。物語の中では明石君が自分の「身の程」を意識し、謙虚に振る舞う姿が繰り返し描かれているが、そのモデルは紫式部自身であったともいわれている。

惟規も自門を誇りに思うとともに、没落した現在の状況を侘びていたのではなかろうか。『惟規集』にも兼輔を意識して詠んだ歌がある。そして、うだつのあがらない我が身を嘆いた歌がある。

薄鈍に侍りしころ、同じやうなることを、ふたかたに思ふと聞きし人に
一重だにつゆけきものを重ね着る　薄墨衣いかにそぼつや（二六）

御門の御服《ぶく》に親《おや》のを重《かさ》ねてして、貫之が来《き》たりけるに詠《よ》みてやりける
一重《ひとへ》だに着《き》るはわびしき藤衣　重《かさ》なるあきを思ひやらなん（『兼輔集』一二一）

花、遅く咲く春、山寺にて
山がくれ咲かぬさくらは思ふらむ　我だにおそき春のひかりと（一八）

花咲かぬ山桜を見に来る者はいない。山桜は惟規の訪れを、春の光が射したように思うのだろう。しかし、桜のそうした見立てを、惟規は「だに」の一語で斥ける。輝く光に見立てるべきは、都で花見に興じる貴顕たちだ、と。そして逆に、我が身を山桜に重ねて見ているのであろう。「司召《つかさめし》の後、内《うち》に侍《さぶら》ひし人のもとにつかはしし／こころみにをりもしあらば伝《つた》へなん　咲《さ》かで露けき桜ありきと」（『元輔集』一七六）のように、深山の桜や遅咲きの桜に不遇の身を重ねて詠んだ歌は少なくないのである。また、惟規が訪れた「山寺」は河原院歌人たちが度々足を運んだ場所であった。

山寺にて月を見《み》る
秋《あき》さむくなりにけらしな山里《やまざと》の　庭白妙《にはしろたへ》にてらす月かげ（『道済集』三〇一）

水無月《みなづき》のつごもり、山寺《でら》なるに、人《ひと》の消息《せうそく》に、このごろはなにごとかとあるに
たづねくる人なき夏の山ざとは　ながき日ぐらしかたみにぞなく（書陵部蔵御所本三十六人集本『能宣集』一〇二）

惟規の抱く憂いも、河原院歌人の不遇意識に通じるものだったように思われる。

*

さて、惟規は風雅の世界に活路を見出したと言ったが、『俊頼髄脳』や『今昔物語』が伝えるその徹底ぶりは度を超している。この点について、湯之上早苗氏は次のように述べられている。

> 惟規の、こういう振舞いを見ると、まさに「すきもの」という感が強くなるのであるが、この話（筆者注：斎院に閉じ込められた逸話）と、あの臨終の際の、僧に対する応待とを結びつけるとき、どうもあれは演技ではなかったかというふうに思われてくる。（中略）これは、「すき」に身をやつした男の、芝居がかった「意気」であり「抵抗」であったのだ
>
> （「惟規説話と俊頼髄脳」）

氏の言われるように、説話が伝える惟規の言動は風狂の歌人であることを示すための意識的演戯であったと思われる。官人としての失態も同じであろう。惟規は御仏名の夜、布施の綿の分配を間違えたというが、何人もいる僧侶達を前にして、その中の一人に綿を全て与えてしまうというのは、つい犯してしまう類の失態ではなかろう。その失態の結果、僧侶達が綿を奪い合う騒ぎになったという。官人としての無能ぶりを示す失態も意識的な演戯——世俗的な欲望に翻弄される生き方への抵抗だったように思われる。

このような生き方を、惟規は先達歌人から学んだのだろう。例えば藤原実方である。実方は花山院サークルの歌人として活躍し、勅撰集には『拾遺集』以下に六七首入集。舞も良くする風流人であった。その風流ぶりを伝える逸話がある。

> むかし、殿上のをのこども、花見むとて東山におはしたりけるに、俄に心なき雨のふりて、人々、げに騒ぎ給へ

りけるが、実方の中将、いと騒がず、木のもとによりて、かく

さくらがり雨はふり来ぬおなじくは濡るとも花の陰にくらさん

とよみて、かくれたまはざりければ、花より漏りくだる雨にさながら濡れて、装束しぼりかね侍り。此こと、興ある事に人々思ひあはれけり。又の日、斉信大納言、主上に「かゝるおもしろき事の侍りし」と奏せられけるに、行成、その時蔵人頭にておはしけるが、「歌はおもしろし。実方は痴《おこ》なり」とのたまひてけり。

（『撰集抄』巻八・第一八話）

花見に出掛けた先で俄雨に遭った実方は、どうせ雨に濡れるのであれば桜の木の下で濡れようと歌を詠み、その通り雨滴したたり落ちる桜の木の下に佇み、ずぶ濡れになった。この話を聞いた藤原行成は実方を痴れ者だと評したというのである。

「世のすき物に恥づかしう言ひ思はれたまへる」（『栄華物語』「見果てぬ夢」）とあるように、実方の風流ぶりは生前から評判で、没後間もなく伝説も生じたらしい。

頭中将といひける人の、年ごとに舞人にて、めでたき物に思ひしみけるに、亡くなりて、上の社の橋の下にあなるをきけば、ゆゝしう、ものをさしも思ひいれじとおもへど、猶このめでたき事をこそ、さらにえおもひすつまじけれ。

（『枕草子』「なほ世にめでたきこと」）

清少納言は、祭の舞人に執着した「頭中将」の亡霊が賀茂上社の橋下にいるという当時の噂話を記している。同様の伝説が『徒然草』に「実方は、御手洗に影の映りける所と侍れば、橋本や、なほ水の近ければと覚え侍る」（六七段）と見え、謡曲「賀茂物語」にも「これこそさしも実方の宮居給ひし粧ひの臨時の舞の妙なる姿を水にうつし御手洗の

その縁ある世を渡る橋本の宮居と申すとかや」とあり、『枕草子』の「頭中将」も実方のことを指していると考えられる（実方に蔵人頭の閲歴はなく、「頭」は「藤」が転化したものであろう）。つまり、惟規の活躍期、実方は既に風狂の人として説話化されていたわけで、このような逸話の数々を惟規も耳にしていたと思う。

惟規には、この実方を意識して詠んだ歌がある。

いかにしていかにいぶきのさしも草　下に焦がるることを語らむ（一一）

かくとだにえやは伊吹《いぶき》のさしも草《ぐさ》　さしも知《し》らじなもゆるおもひを（『実方集』一一二）
こひしともえやは伊吹《いぶき》のさしも草《ぐさ》　よそにもゆれどかひなかりけり（『実方集』二五二）

惟規が没する一〇一一年頃までに伊吹山を詠んだ歌は一五首ほどあるが、「伊吹のさしも草」と詠む歌は、右の実方歌の他は『和泉式部続集』の一首（六四三）のみである。

また、惟規が曾禰好忠から大きな影響を受けたことは先に述べたが、この好忠も風変わりな言動が伝えられる歌人である。永観三年（九八五）、円融院の子日の御遊に召しなくして参列したことを咎められたという話（『今昔物語』巻二八第三語）や、丹後掾という卑官であったことから付けられた蔑称が「曽丹後掾」「曽丹後」「曽丹」と簡略化されてゆき、今度はいつ「そた」と呼ばれるかと嘆いた話（『袋草紙』）が伝えられている。好忠の歌の奇抜さは、彼のこの様な風変わりな性格に起因すると考えられてきた。しかし、藤岡忠美氏は「（筆者注：「曽丹」という呼称は）本来的には軽蔑的・滑稽なニュアンスを伴う通称だが、好忠はむしろその名に甘んじて、被害者としての悲哀感を逆用していた感がある。（中略）身分不相応な名への自嘲、そうした道化めいた発想によってこそ、好忠の歌人としての存在は証される。」（「曾禰好忠と遊戯技巧歌」）と述べられている。傾聴すべき指摘である。好忠は円融院の御遊から追い出された翌日、連ね歌を献上する。その中の「与謝《よさ》のうみと名《な》は高砂《たかさご》の松《まつ》なれど　身は牛窓《うしまど》によするしらなみ」（『好忠集』四七六）という一首は、正に藤岡氏のいう道化めいた自嘲の歌である。この歌には丹後・播磨・備前の歌枕が詠み込まれているが、惟規が同様の趣向を凝らし「人知れぬ思ひを身こそ岩代の　野焼くけぶりのむすぼほれつつ」（三）と詠んでいるのも、偶然ではないように思われる。

惟規は家集の中で自らを歌物語の男主人公に擬したが、実人生もまた風雅に徹する好者として意識的に生きた。その手本としたのが、実方や好忠ら先達歌人ではなかったろうか。

四　惟規と歌人達の交流

父《ちち》のもとに越後にまかりけるに、逢坂《あふさか》のほどより源為善朝臣の許につかはしける
逢坂《あふさか》の関《せき》うちこゆるほどもなく　けさは都《みやこ》の人ぞこひしき（『後拾遺集』別・四六六）

藤原惟規が越後へくだり侍りけるにつかはしける
今日《けふ》やさは思ひたつらむたび衣　身にはなれねどあはれとぞきく（『新勅撰集』羇旅・五〇五　伊勢大輔）

その影響の大きさからして、惟規と河原院歌人との交流が自ずと想像されるのだが、それを直接示す資料は残されていない。惟規と交流した歌人として確かに知られるのは、恋人斎院中将を除くと右に挙げた源為善と伊勢大輔だけである。しかしこれが、河原院歌人との交流を物語っているように思われる。想像の域を出ないところが大きいが、ここでは惟規と河原院との接点について考えてみたい。

河原院グループ創生期の歌人達は、惟規より一・二世代前、後撰集時代の人々である。その没年を見ると、源順は

永観元年（九八三）、清原元輔は正暦元年（九九〇）、大中臣能宣は正暦二年（九九一）である。恵慶法師の没年は未詳だが、天徳二〜正暦三年（九五八〜九九二）頃まで約三〇年間の作歌活動が確認されており、その後遠くない時期に没したと思われる。惟規は天禄三〜天延二年（九七二〜九七四）頃の生まれだから、彼らと交わることはなかったかもしれない。

しかし、惟規と活動期が重なる歌人もいる。例えば、長保五年（一〇〇三）五月の『太政大臣殿三十講歌合』には、曾禰好忠の他、大中臣輔親、源兼澄、源道済といった新旧の河原院歌人たちが出詠している。惟規がこれらの歌人達と親交を持ったことは十分に考えられる。

＊

『太政大臣殿三十講歌合』には惟規の父為時も出詠している。この為時が、惟規と河原院歌人達との橋渡しをしたように思う。

惟規の曾祖父兼輔は定方女を妻として雅正等を儲け、雅正もまた定方女を妻として為頼・為長・為時を儲けた。祖母も母も定方女であった為時ら兄弟は、定方家と強く結びついていたらしい。定方には他にも代明親王に嫁した女がおり、この女が厳子女王・庄子女王を儲けた。厳子女王は小野宮頼忠に嫁して公任を儲け、庄子女王は村上天皇の女御となって具平親王を儲けた。為時やその同母兄為頼は、かかる縁戚関係にある公任や具平親王と深い親交を結んだのである。為頼の家集『為頼集』からは、彼が小野宮歌壇で活躍する歌人であったこと、公任・具平親王と深い親交を持っていたことが窺われる。また、具平親王の落とし胤頼成は、為頼の長男伊祐の養子となっている（『尊卑分脈』）。

為時は具平親王と漢詩文を通じて親交を深めた。

去年春、中書大王桃花閣命詩酒、左尚書藤員外中丞惟成・右菅中丞資忠・内史慶大夫保胤、共侍席。内史在大王属文之始、以儒学侍、縦容尚矣。七八年来、洛陽才子之論詩人者、謂三人為先鳴、当于其時、或求道一乗、或告別九原、西園雪夜、東平花朝、莫不閣筆廃吟、眷恋惆悵、硒者研精之余、披覧去年之作、其文爛然存、其人忽然去矣、遂製懐旧之瓊篇、忝賜惟新之玉章、蓋以為翰墨之庸奴、藩邸之旧僕而已、因之為時一読腸断、再詠涙落、偸抽短毫、敬押高韻、

梁園今日宴遊筵　豈慮三儒滅一年
風月英声揮薤露　幽閑遠思趁林泉
新詩切骨歌還湿　往事傷情覚似眠
繁木昔聞摧折早　不才無益性霊全（『本朝麗藻』）

右の詩は、為時が花山院の旧臣藤原惟成・菅原資忠・慶滋保胤を偲んで作ったもの。序によれば、具平親王は寛和二年の春、惟成・資忠・保胤ら文人を招いて詩酒の宴を開いたが、それから僅か一年の間に、資忠は死去、保胤・惟成は出家、再びその日のような盛会が行われることはなかった。親王は去春を偲ぶ詩を作り、為時に贈った。為時の詩はそれに唱和したものだという。また、序の中の「蓋以為翰墨之庸奴、藩邸之旧僕而已」という記述からは、為時が文人としてだけではなく、具平親王家の家司としても親しく出入りしていたことが知られる。

具平親王は村上天皇の第七皇子で、世に後中書王、六条宮、千種殿とも称された。康保元年（九六四）六月一九日に誕生。同二年八月に親王の宣旨を受け、三年八月に著袴の式を挙げた。四年五月に父の村上天皇が崩御。貞元二年八月、一四歳で元服、間もなく兵部卿となる。永延元年（九八七）に兼明親王が没した後、中務卿となった。寛弘六年（一〇〇九）七月二八日に四六歳で没。幼少より慶滋保胤・橘正通を師として学び、中でも保胤からは思想的に強い影響を受けた。漢学・和歌・仏典・音楽・医学などに通暁し、無比の博学多識でもって知られた。親王邸でしばしば開かれた詩宴には大江匡衡・大江以言・紀斉名・源為憲・藤原為時ら一条朝の鴻儒詩人があまた集い、親王を中心

とした文壇が形成された。
この文壇の初期形成には保胤・正通の他、源順も関わっていたらしい。源順は詩会の詩序を執筆しているが（「七月三日、陪第七親王読書閣、同賦弓勢月初三、応教」『本朝文粋』）、その中には保胤と正通が若き親王を愛情深く教育する様子が詠われている。また、順は「楊貴妃帰唐帝思　李夫人去漢皇情」という詩作を何年も温めておき、八月十五夜が雨になるのを待って親王邸に持参したという（『江談抄』）。

源順が河原院グループの一人であったことは言うまでもないが、藤原惟成・紀斉名も河原院に出入りしていたらしい。『本朝文粋』に「秋日於河原院同賦山晴秋望多」と題する惟成の詩序がある。『類従句題抄』には、題を同じく「山晴秋望多」とする藤原惟成・紀斉名・源道済の詩が並んでおり、これらの詩序と詩は同じ折に作られたと考えられる。また、慶滋保胤は河原院の近くに邸宅を持っており、安法法師と面識があったらしい。『安法法師集』に「秋の日、加賀介《かがのすけ》内記《ないき》などして、老《お》いを嘆《なげ》きて」（一〇五）とある「内記」は、大内記保胤を指すと思われる。正暦二年（九九一）三月に河原院で行われた五時講にも、保胤の顔がみえる（『江談抄』）。河原院が和歌だけでなく漢詩文をも享受する場であったことは諸氏によって指摘されており（川村晃生「和歌と漢詩文―後拾遺集時代の諸相―」／近藤みゆき「平安中期河原院文化圏に関する一考察」）、具平親王邸にも河原院にも足を運んだ知識人は少なくなかったと思われる。

為時は親王家の家司でもあったから、そうした人々と接する機会は多かったと思う。為時は文人としての活躍の方が目立つけれども、和歌も上手かったらしく、先述の通り『太政大臣殿三十講歌合』に出席したり、長保三年（一〇〇一）一〇月には東三条女院詮子四十賀に屏風の賀歌を求められたりしている。親王邸に集う人々と歌を詠み交わすこともあっただろう。そして、そのような親王邸での出来事を、惟規や紫式部に語り聞かせもしたであろう。あるいは、「書に心入れたる親」の為時であるから、教育的効果を期待しつつ子ども達を親王邸に連れていくこともあったかもしれない。

紫式部については、少女時代に具平親王家に出仕していたとする福家俊幸氏の説がある（「紫式部の具平親王家出仕考」）。氏は、「紫式部」という伺候名は、為時が式部丞に任ぜられてから越前守に任ぜられるまでの間（九八四〜九九六）に貴顕のもとに出仕したことを示しており、その時期は、『紫式部集』冒頭の「童友達」に邂逅した時の歌から、少女時代ではなかったかと推察されている。そして出仕先として挙げられたのが、式部の家と縁戚関係にあり、為時が家司として出入りしていた具平親王家である。道長が一男頼道と具平親王女との縁談について紫式部に相談したのも、親王と紫式部が主従関係にあったことによるのではないかと、氏は述べられている。幼い紫式部が親王家に出仕していたのであれば、為時が惟規を連れていくことも多かったであろう。惟規はかかる機会に、河原院にも出入りする文化人たちと知り合い、河原院文化圏に入っていったのではなかろうか。

＊

惟規が源為善に贈った歌を当節の冒頭に挙げたが、二人の交流はこのことを暗に物語っているように思われる。

六条の家の今は野のやうになりにたるに、桜のいとおもしろく咲《さ》きたりけるを源為善朝臣、折《を》りてもて来《き》たりければよめる

いたづらに咲《さ》きて散《ち》りぬる桜花　むかしの春のしるしなりけり（『新拾遺集』春下・一六九　具平親王）

六条中務親王の家に子日の松を植《う》ゑて侍《はべ》りけるを、かの親王《みこ》みまかりてのち、その松を見《み》てよめる

君《きみ》がうゑし松《まつ》ばかりこそのこりけれ　いづれの春《はる》のねのびなりけん（『後拾遺集』雑四・一〇四六　源為善）

『新拾遺集』の詞書にある「六条の家」とは、六条坊門の北辺りにあった具平親王の邸宅を指す。しばしば詩酒の宴が開かれた場所だが、為善の訪れた時は草が生い茂り、寂れた様子になっていた。親王は為善が手折って持ってき

た桜の花を見て、華やかなりし往時を偲んだ。恐らく親王晩年のことであろう。親王の晩年、為頼・斉名・正通・保胤ら多くの友人は既に故人となっており、詩宴を開くことも少なくなっていたと思われる。次にあげる詩は、そのような親王の姿を彷彿とさせる。

読諸故人旧遊詩有感

往年歓与当時怨　世事皆如風裏雲
今日更披旧詩見　十中五六皆遺文（『本朝麗藻』）

『新拾遺集』と『後拾遺集』の歌を見ると、為善は親王を慕い、しばしば彼のもとを訪ねていたように思われる。親王邸で惟規と会うこともあったのではなかろうか。

また、為善は彼の従兄弟に当たる源道済や能因と、つまり次世代の河原院歌人たちと親交があった。

山寺にこもりたる間《あひだ》に、雪《ゆき》ふる日、玄蕃助がもとへ

夕《ゆふ》されば寒《さむ》さやまさむ山里《やまざと》の　かたちの岡《をか》にみゆきふるなり（『道済集』三一〇）

「玄蕃助」は為善のことと考えられる。為善は寛弘八〜長和三年（一〇一一〜一〇一四）に玄蕃助であった（『小右記』）。

春、故観教法眼の紅梅を思ひやりて、もろともに見し人の許にかう言《い》ひやる

いとまなみ君が見ぬ間に梅の花　あかなく色のもしや散《ち》るらん

返し　　ためよしの朝臣

くれなゐの涙《なみだ》にそむる梅の花　むかしの春を恋ふるなるべし（『能因法師集』一八一・一八二）

能因と為善は一緒に観教のもとを訪れ、梅の花を愛でたことがあった。観教は源公忠男、つまり為善の大叔父に当たり、御願寺僧都と号した。『能因集』には、その訪問時に詠んだと思しい歌も収められている。

早春に翫御願紅梅

にほひだにあかなくものを梅が枝《え》の　すゑつむはなの色にさへ咲《さ》く（『能因法師集』一八）

『能因法師集』は、寛弘二年（一〇〇五）頃の作から概ね製作年次順に歌を配列している。その点からすると、能因と為善が観教の許を訪れたのは寛弘年間の前半ではなかったと考えられる。

道済・能因の歌とも惟規没後の作である可能性がなくはない。しかし、そうであったとしても、道済・能因と為善との交流はそれ以前からあっただろうし、為善が属した文化圏を知るうえでは有効な資料であろう。

源道済は詩作にも優れ、河原院で「山晴秋望多」と題する詩を藤原惟成・紀斉名と共に、つまり具平親王邸に出入りする詩人たちと共に作っている。また、『類従句題抄』には「秋聲多在山」という題で、道済・大江以言・高階積善・慶滋為政の詩が並んでいるが、杉崎重遠氏はこれらを具平親王邸の詩筵で詠じたものと推察されている（『勅撰集歌人伝の研究』）。道済は以言を師としており（『江談抄』）、何より道済自身が優れた詩人であったから、具平親王邸にも出入りしていたであろう。そこで為時や惟規と顔を合わせることもあったのではなかろうか。

『袋草子』には「為時が当初道済に詩を請く。而るに後年には、為時・道済一双の文士に番はると云々。」という一節がある。いくら道済が若い時から詩才を認められていたといっても、為時の方が一〇歳位年長だったらしいから、右の逸話がどこまで史実に即しているか定かではない。しかし、為時と道済に親交があり、二人が詩才を研磨する間柄であったからこそ、このような逸話も生じたのではなかろうか。そうであれば為時が直接、道済と惟規を引き合わせるということもあったかもしれない。惟規の曾祖父兼輔と古今集歌人との交流が、兼輔の長男雅正へ引き継がれた例も思い起こされよう。

*

道済と惟規当人の間にも共通点がある。二人の和歌にはそろって、曾禰好忠の影響が認められるのである。これは能因の歌にもいえることで、注目すべき点であろう。そしてもう一人、河原院文化圏に入り、好忠から影響を受けた歌人がいる。和泉式部である。和泉式部は習作時代に百首歌を詠んでおり、歌に詠まれた語句にも好忠の強い影響が認められる。好忠・恵慶・重之ら諸々の百首歌は河原院という共通の場で集団的に享受・形成されたことを考えると、和泉式部も河原院文化圏の中に身を置いていたと考えられるのである。和泉式部は道済と同座して歌を詠む機会が何度かあったらしく、二人に親交があったことも知られている。また、後年は能因も彼女のもとに出入りしている。興味深いのは、この和泉式部と惟規の歌に影響関係が認められることである。

　ある男、大和にて、ともしの火を見て
牡鹿立つ外山の野原ともすひと　身をのみ焦がすなにの思ひぞ（一）
狩人《かり》のしたに身《み》をのみこがせども　くゆる心のつきずもあるかな（『和泉式部集』五六九）

「身をのみこがす」という表現の用例は他に、『源氏物語』（蛍巻・三七三　玉鬘）の一首だけである。姉紫式部の作である点は興味深いが、そこで詠まれているのは蛍の光である。一方、和泉式部と惟規の歌は、狩人の照射を詠む点でも通じている。また、惟規は「外山」という語を『惟規集』一四番歌でも詠んでいるが、この語は好忠（四首）と和泉式部（三首）がよく用いているのである。

また女に

人知れぬ思ひを身こそ岩代の　野焼くけぶりのむすぼほれつつ（三）

「けぶり」と「むすぼほる」を縁語として詠んだ歌は、「この世《よ》をも後《のち》をもいかにいかにせん　もえむけぶりもむすぼほれつつ」（書陵部蔵御所本三十六人集本『能宣集』・一六九）・「いまはとて燃えむけぶりもむすぼほれ　絶えぬ思ひのなほや残らむ」（『源氏物語』柏木・五〇一　柏木）・「それと見《み》よ都《みやこ》のかたの山ぎはに　むすぼほれたるけむりけむらば」（『和泉式部集』・二一四）の三首である。惟規が能宣の歌を参考にしたのは間違いなく、和泉式部も先達歌人能宣の歌を参考にしたと考えてよいだろう。

惟規と和泉式部が揃って、河原院歌人から「外山」「けぶり／むすぼほる」という表現を摂取していること、狩を歌材として「身をのみこがす」という表現を詠んでいることは注目してよい。これは、二人が同じ文化圏にいたことを物語っていないか。惟規は為善・道済・能因・和泉式部らの集う河原院文化圏に身を置き、彼らと交流を重ねていたように思われるのである。

五　惟規と紫式部と『為信集』

惟規の歌に独自表現が多いことは先に述べたが、紫式部の作品に共通する特異な表現もある。

薄鈍に侍りしころ、同じやうなることを、ふたかたに思ふと聞きし人に

一重だにつゆけきものを重ね着る　薄墨衣いかにそぼつや（二一六）

限りあれば薄墨衣《ごろも》あさけれど　涙ぞ袖《そで》をふちとなしける（『源氏物語』葵巻・一一九　光源氏）

若き人を、親の頼めければ、わづらふ頃

若葉さす岩根の松のおひすゑを　生まれゆく身のいかが頼まむ（二一八）

命あらばそれとも見まし人しれぬ　岩根にとめし松の生ひすゑ（『源氏物語』橋姫巻・六三二　柏木）

「薄墨衣」「おひすゑ」という語は、『惟規集』と『源氏物語』だけに認められる。「おひすゑ」の例は、その語が共通しているだけではない。柏木の歌は薫宛ての遺書に認めたものだが、病に臥した柏木自身・残してゆく我が子（松）・その子を育てる老年の光源氏（岩根）という人間関係は、惟規歌の「わづらふ」惟規・我が子（若き人／若葉）・老年の為時（親／岩根）という人間関係と重なるのである。

さすがなる女に

とにかくにかけてな言ひそしかりとて　ならぬものゆゑ我頼めなり（一一〇）

「我頼め」は惟規の独自表現である。常套表現「人頼め」は、当てにならない期待をさせる相手を難じる表現だが、これを詠みかえた「我頼め」には、女は逢う気がないと分かっているのに、自分に気があるのではないかと考えてしまう自身への戒めが込められている。『源氏物語』帚木巻には、この「我頼め」とよく似た表現がある。

いとかくうき身のほどの定まらぬ、ありしながらの身にて、かゝる御心ばへを見ましかば、あるまじきわが頼みにて、見なを《ほ》し給ふ後瀬をも思ひ給へ慰めましを

独身の頃に光源氏と出会っていたらという空蝉の儚いうぬぼれである。無益なうぬぼれを表すという点でも「我頼め」と「わが頼み」は通じている。

又いかなる折にか
まだ知らで心をさなく入りにけり　しげかりけらし恋の深山路（二五）

やむごとなき人の、もののたまひける人なるべし
はし鷹のすがへる山のはしを知らで　心をさなく入れるつみなり（二七）

「心をさなし」の用例は他に、和歌では一例、散文では『竹取物語』『宇津保物語』『源氏物語』の三作品に認められるのみである。しかも『竹取物語』・『宇津保物語』が各一例であるのに対して、『源氏物語』では「心をさなげ」「心をさなさ」など変形四例も含めて計一七例と多い。このように、惟規と紫式部の作品には、両者の影響関係を窺わせる特異表現が散見されるのである。

惟規は幼い頃から聡明な姉と学才のない自分との差を思い知らされること度々であった。それが一因となって彼は官人としての人生に見切りをつけ、風雅の世界に活路を見出したのである。そして世の人からも歌人として認められるようになった。惟規自身、歌人としての自負を持っていただろう。姉への劣等感と歌人としての自負とを持つ彼が、紫式部の特異な表現を一方的に摂取し続けたとは考えにくい。姉弟は創作活動において影響を与え合う関係だったと

思われる。

さて、二人の母方の祖父・藤原為信の名を冠する『為信集』も、特異な表現やエピソードなどに『源氏物語』と共通する点が多い。たとえば、

又、人をとらへたるに、衣《きぬ》を脱《ぬ》ぎ捨《す》てて入《い》りたるを
つれなきを思《おも》ひわびては唐衣《からころも》　かへすにつけてうらみつるかな（『為信集』九七）

空蝉巻には、寝所に忍び込んだ光源氏から、空蝉が衣を脱ぎ捨てて逃れる一幕があるが、右の歌の状況はこれとよく似ている。

ある女《をんな》、逢《あ》はんと言《い》ひたるに、さはる事なんあると言《い》ひたれば、はやう蒜《ひる》を食《く》ひたりけると聞《き》きて
宵《よひ》のまの露《つゆ》に濡《ぬ》れたるわが袖《そで》を　ひるまを待《ま》たんほどぞひさしき（『為信集』九八）

この歌は、雨夜品定の中で式部丞が「ひる食い女」に贈ったと語る「ささがにのふるまひしるき夕暮に　ひるますぐせと言ふがあやなさ」（帚木巻・一七）に酷似している。

このように『為信集』と『源氏物語』との間には影響関係が認められることから、両者のどちらが先行するか、また、『為信集』の作者は紫式部の外祖父為信か否かが問題とされている。

池田亀鑑・笹川博司氏は、『為信集』を紫式部の外祖父為信の家集と説かれている（池田亀鑑「坊門局筆為信集」／笹川博司「『為信集』の作者について」）。それに対し、今井源衛・中島あや子氏は、『為信集』作者は紫式部の外祖父とは同名異人であり、『為信集』は『源氏物語』の世界を取り込んだ虚構的な家集であると説かれている（今井源衛「為信

集と源氏物語」／中島あや子「源氏物語と為信集」・「為信集の形成要因について」)。また岡一男・増淵勝一氏は、紫式部の外祖父とは同名異人であるが、『為信集』が先行し『源氏物語』に影響を与えたと説かれている（岡一男「紫式部の家系及び家族」「紫式部の外祖父と桂宮本『為信集』について」／増淵勝一「紫式部とその周辺資料」)。いずれも様々な歴史資料に当たられ、あるいは『為信集』と『源氏物語』の本文を詳細に分析され、考察されているが、資料が限られているために決定的な証拠となるものがなく、推測の域を出ない部分が大きい。

ここで注目されるのが『惟規集』である。『惟規集』には、紫式部の作品だけに共通する表現の他、『為信集』だけに共通する表現、あるいは、『為信集』・紫式部の作品だけに共通する表現も認められるのである。

　　ある男、大和にて、ともしの火を見て
　牡鹿立つ外山の野原ともすひと　身をのみ焦がすなにの思ひそ（一）

この歌に詠まれた「ともし」は鹿狩りに用いる灯火で、狩人は火の光が反射した鹿の眼に向けて矢を射る。その火を「見て」いる惟規の目にも牡鹿と同じように火が映じている。それゆえ「ひと／身をこがす」には「瞳をこがす」が掛けられていると考えられるのだが、「ひとみ」を詠んだ先例は『為信集』の「にしへゆく風《かぜ》もあらなん濡《ぬ》れ衣《ごろも》　ひとみこぼるるなみだとかせん」（一九）のみである。

　島風にしばたつ波の立ちかへり　うらみてもなほ頼まるるかな（三二）
　世《よ》の中をうらみてもなほ頼《たの》むかな　うき身も花《はな》にあふとみつれば（『為信集』一〇四）

右の二首に影響関係があることには説明を要しない。「うらみてもなほ」という句に限ってみても、先例は他に一首しかない。

次に為信・紫式部・惟規三人に共通する表現を見る。

薄鈍に侍りしころ、同じやうなることを、ふたかたに思ふと聞きし人に

一重だにつゆけきものを重ね着る　薄墨衣いかにそぼつや（二六）

喪に服している折、同じく服喪中の知人に宛てた歌。同様の状況で詠んだ歌の詞書には、「はらからの失《う》せたるころ、又はらからにおくれておなじ思ひなる人に」（『道命阿闍梨集』一四八）・「おなじころ、ながむなどしてつれづれなりしかば、おなじ思《おも》ひなる人のもとに」（『道済集』四六）等、類似表現も散見されるのだが、『為信集』の中には「おなじやうなる人にやる／春《はる》くれば霞《かすみ》の衣《ころも》みしながら　たちいらぬことを君《きみ》は思《おも》ふや」（一〇）と、表現の完全に一致する詞書がある。この為信歌は、春の風物霞を詠う語であった「霞の衣」を喪服の意で詠んでいるが、紫式部の歌にも同様の例がある。「なにかこのほどなき袖《そで》をぬらすらん　霞《かすみ》の衣《ころも》なべてきる世に」（『紫式部集』四一）は、夫の喪と東三条院の喪とが重なった折の歌。また、『源氏物語』にも「木の下のしづくにぬれてさかさまに　かすみの衣着たる春かな」（柏木巻・五〇七　致仕大臣（頭中将））など複数の用例が認められる。また、惟規歌に詠まれた「薄墨衣」の用例が、他には「限りあれば薄墨衣《ごろも》あさけれど　涙ぞ袖《そで》をふちとなしける」（『源氏物語』葵巻・一一九　光源氏）のみであることは先述の通りである。

もりやせむと思ふ涙の水脈ならで　さしもこほらじ関の岩水（二〇）

ここに詠まれた「涙の水脈」の用例は他に、「われも人もつつむことありて、え逢《あ》はぬころ／泣《な》きたむる涙《なみだ》の水脈《みを》は

ふかけれど　うきに泣《な》くてふことのなきかな」（『為信集』八七）、「みつせ川わたらぬさきにいかでなほ　涙の水脈《みを》のあわと消えなん」（『源氏物語』真木柱巻・四〇八　玉鬘）の二首のみである。『惟規集』の歌は女が詠んだものだが、やはり為信歌と関係がありそうである。この歌の前にある惟規歌（一九）の詞書は「忍びたる人に」で、為信歌の詞書は「われも人もつつむことありて、え逢《あ》はぬころ」、人目を忍ぶ恋という状況が共通しているのである。

惟規と紫式部の作に影響関係が認められること、紫式部から惟規へ一方的に影響を与えたとは考え難いことは先述の通りである。また、惟規歌には親族からの影響以上に河原院グループや万葉集の影響が顕著で、その特徴は『惟規集』不載歌の「霜枯れの萱が下折れとにかくに　思ひみだれて過ぐすころかな」（『後拾遺集』恋三・七二九）にも認められる。後人が紫式部の作風を模して『惟規集』を作ったとは考えられない。

表現の類似性が為信と紫式部との間に限られるならば、『為信集』を後人の作と考えることも可能であろう。しかし、紫式部と為信の間だけではなく、惟規と為信、惟規と紫式部、あるいは惟規と為信と紫式部、様々なかたちで三人の作の間には影響関係が認められる。紫式部からの一方的な影響を想定することはできないのである。『惟規集』とも影響関係が窺われる『為信集』を、『源氏物語』に影響を受けた後人の作と考えるのは難しいのである。紫式部・惟規姉弟は兼輔・為頼等の歌を引いて物語を書き、歌を詠んでいる。それと同様に、為信からも影響を受けたと考えるのが穏当ではないだろうか。

『為信集』と共通する特異なエピソードや表現は、『源氏物語』第一部・第二部に限って認められ、特に第一部冒頭部分に集中してる。この点について今井氏は、「為信集を先と仮定すれば、式部は何故執筆当初のみこれを頻々と利用して、後にはまったく見向きもしなかったか理解に苦しまざるを得ない。逆に源氏が先で為信集が後と考えれば、全ては解決する。察するに、為信が寛弘六年ごろまでに読んだ源氏物語は完本ではなく、せいぜい幻巻までであり、しかもその中には欠巻も多かったのではないか。確実に読んだのは帚、空、夕、若紫、末、花宴、玉鬘・藤裏葉の諸帖であっただろう。」と述べられている。しかし、初期に執筆された巻々には、紫式部の身辺に取材して、あるいは史実や文学作品を引いて書かれたところが少なくない。桐壺帝は醍醐帝をモデルとしていること、桐壺帝と更衣の愛が長恨歌を引いて語られていることは周知のとおりである。特異なエピソードも同じだ。夕顔の怪死事件は、京極御息所が河原院で源融の霊に憑かれて危篤状態に陥ったという伝説をもとに書かれたと言われている。また、具平親王の愛した雑仕女が頓死した事件をもとにしたという指摘もある（角田文衛「夕顔の死」）。紫式部が少女時代、具平親王家に出仕していたという説は先に紹介した。

『為信集』と類似する逸話や表現に限って、それを紫式部の独創と考える方が不自然であろう。物語が進むにつれて『為信集』との類似点が減少するのは、『源氏物語』が物語作品として自立していく過程を示しているように思われる。

六　後代の享受

父のもとに越後にまかりけるに、逢坂のほどより源為善朝臣の許につかはしける

逢坂の関うちこゆるほどもなく　けさは都の人ぞこひしき（『後拾遺集』別・四六六）

この歌について、為善の直話が伝えられている。

これは為善語りしは、惟規がこの歌を詠みてをこせて侍りし返事を越後に遣はしたりしに、惟規は失せて、為時が返事をいとあはれに書き付けてして侍りし、今に失はで侍るとこそ申すめりしか。（『難後拾遺』）

為善が返事を送ったところ既に惟規は亡くなっており、為時が代わりに細やかな返事を書き送ってきた。それを為

善は今まで大切に持っているというのである。この話を聞き伝えた『難後拾遺』の作者は、為善の甥・経信である。その経信の子に俊頼がいるが、彼の歌論書『俊頼髄脳』には惟規の臨終時の逸話が記されている。逸話はおそらく〈為善―経信―俊頼〉という伝搬経路を辿って伝えられたのだろう。同話は『今昔物語』にも収められているが、そこで父の名を為善としていることも、この話が為善によって伝えられたことを窺わせる。『俊頼髄脳』は他にも、「人知れず思へばうける言の葉も　つひにあふせのたのもしきかな」という、他書にない惟規の歌を伝えている。これは唐土の呉松孝の故事に基づいて詠んだ歌だという。故事の出典は未詳だが、『後二条師通記』寛治七年（一〇九三）正月二十三日条に類話が記されており、田口和夫氏は、これを経信の談話ととる（「『俊頼髄脳』呉松孝説話と源経信」）。この歌も〈為善―経信―俊頼〉というルートで伝えられたように思われる。

俊頼は惟規の子孫からも資料を入手していたらしい。『俊頼髄脳』は、惟規が斎院に閉じ込められたという逸話も伝えているが、その最後に「盛房語りし。その惟規が先祖にてよく聞き伝えたるとぞ」と記している。『今昔物語』にも同じ説話が載り、これと同様の表記があるのだが、今野達氏は『散木奇歌集』から「盛房」と俊頼の交流があったことを立証され、「俊頼が盛房から直接的に話を聞いたと解すべきもの」と説かれている（「今昔物語集の成立に関する諸問題」）。惟規の曾祖父兼輔と古今集歌人との交流は、兼輔の一男雅正へと引き継がれた。惟規は為時に連れられて具平親王邸に出入りするなかで、父の詩友道済や為善らと会し、親睦を深めていったと思われる。為善と惟規との交流も後代の親族に引き継がれ、その中で諸々の歌や逸話が伝えられていったのだろう。

＊

つれなき女に

たのむかな細江にさせるみをつくし　深きに負けぬ人はあらじと（一二）

住吉《すみよし》のほそえにさせるみをつくし　深《ふか》きにまけぬ人はあらじな（『詞花集』雑上・三二一　相模）

霜はげしきあしたに
思ひやれつらくひまなきはらの池に　つがはぬ鴛鴦の夜半のうき寝を（一一）
思ひやれ雪解《ゆきげ》の垂氷《たるひ》ひまもなく　かつがつぞきく（「数々注ぐ」カ）やどのつららを（『相模集』四八二）

題不知
霜枯れの萱が下折れとにかくに　思ひみだれて過ぐすころかな（『後拾遺集』恋三・七二九　藤原惟規）
とにかくに思ひ乱《みだ》れておもふかな　わくる思ひのひとつならぬに（『相模集』三〇二）

右に挙げたように、惟規より一世代後の女流歌人・相模には、惟規歌を参考にしたと思われる作が散見される。ちなみに、最後に挙げた例に関しては、源俊頼も「とにかくに乱《みだ》れて見《み》ゆるかるかやは　物思ふことのしるしなりけり」（『散木奇歌集』三九五）という類想歌を詠んでいる。

相模の父は不詳、母は慶滋保章女。父を不詳とする例は大変珍しく、相模と父との関係も実際希薄であったと思われる。それだけに母方の慶滋氏との結びつきは強かったらしい。大江公資との結婚には、公資と職掌上近しい関係にあった叔父慶滋為政が関わっていたと考えられている。祖父の保章は慶滋保胤の弟で、保胤と同じく翰林の道へ進んだ。保胤が主宰する勧学会の結衆の一人であり、安法法師との交流もあった。相模にとって河原院文化圏は身近な環境であったといえ、彼女の「湯走権現百首」はそのことを端的に示している。その相模にとって、惟規歌を参考にした作が散見されることは、当時の歌壇における惟規の立ち位置を考える上で非常に興味深い。相模にとって、惟規は河原院グループの先達の一人だったのではなかろうか。

惟規が後代に与えた影響を探ることで、歌人の系譜の中に惟規を位置づけることが出来るように思われる。それは今後の課題としたい。

七　紫式部の外祖父為信と『為信集』作者

紫式部の母方の祖父・藤原為信の名を冠する『為信集』には、特異な表現やエピソードなどに『源氏物語』と共通する点が多い。そのため『源氏物語』と『為信集』のどちらが先行するか、また、『為信集』の作者は紫式部の外祖父為信か否かが問題とされている。

池田亀鑑・笹川博司氏は、『為信集』を紫式部の外祖父為信の家集と説かれている（池田亀鑑「坊門局筆為信集」／笹川博司「『為信集』の作者について」）。それに対し、今井源衛・中島あや子氏は、『為信集』作者は紫式部の外祖父とは同名異人であり、『為信集』は『源氏物語』の世界を取り込んだ虚構的な家集であると説かれている（今井源衛「為信集と源氏物語」／中島あや子「源氏物語と為信集」・「為信集の形成要因について」）。また岡一男・増淵勝一氏は、紫式部の外祖父とは同名異人であるが、『為信集』が先行し『源氏物語』に影響を与えたと説かれている（岡一男「紫式部の家系及び家族」「紫式部の外祖父と桂宮本『為信集』について」／増淵勝一「紫式部とその周辺資料」）。

『為信集』について論じる際の方法は大きく分けて二つ。ひとつは歴史的資料から二人の「為信」の事跡を探る方法であり、もう一つは『為信集』と『源氏物語』の本文表現を分析し、その影響関係を探る方法である。

私は先に、後者の方法で『為信集』は紫式部の曾祖父為信の家集ではないかと論じた。紫式部の同母弟惟規の家集に『惟規集』があるが、『惟規集』・『為信集』・『源氏物語』の本文表現に着目したところ、紫式部と為信の間だけではなく、惟規と為信、惟規と紫式部、あるいは惟規と為信と紫式部、様々なかたちで三人の作の間に影響関係が認められた。つまり、『惟規集』とも影響関係が窺われる『為信集』を、『源氏物語』に影響を受けた後人の作と考えるのは難しいのである。紫式部・惟規姉弟の作品には兼輔ら親族の影響が認められるから、それと同じように姉弟は為信からも影響を受け、かつ姉弟間でも影響を与え合ったと考えるのが穏当と思われる。

右のように既に結論を出しているのだが、「為信」の事跡を見ておくことも必要であろう。新たに加える資料は殆どないのだが、既に論じられている点について私なりにも考察を加え、「為信」がいかなる人物であったか考えてみたい。

最初に紫式部の外祖父為信の閲歴を簡略に記しておく。藤原為信は従二位中納言藤原文範の二男（『尊卑分脈』）で、母は越前守藤原正茂女。承平三・四年（九三三・九三四）頃に生まれたと考えられている。最初に記録に表れるのは『村上天皇御記』康保元年（九六四）二月五日、為平親王が「蔵人所雑色為信」をして鮮雉を献ぜしめたとある。翌康保二年（九六五）正月一七日、蔵人に補され（『村上天皇御記』）、安和元年（九六八）、越後守に任じられる（『多武峯略記』）。その後、右近衛少将・右馬頭などを歴任し、天元二年（九七九）に摂津守、永観元年（九八三）常陸介に補任されたと考えられる。永延元年（九八七）正月一〇日に出家（『小右記』）。没年については未詳である（為信の生涯については岡一男・増淵勝一氏の諸論文に詳しい）。

では、『為信集』の中に現れる作者の姿を見ていこう。

花山院はうしといふ物を見て
花《はな》の山《やま》むかしの契《ちぎ》りありありながら　ぬしなき春《はる》はにほはざりけり（五）

この歌について今井源衛氏は、「はうし」は「法事」であり、花山院の年忌（寛弘六年（一〇〇九）二月八日）に詠んだものとされる。また、岡氏は歌意の解釈から、花山院崩御の春、五七忌か七七忌かの法事の折の作とされる。これに対し笹川氏は、音便「ほう」を使った「法事」の例はなく、また「法事」はすべて漢字表記されていると指摘。「はうし」は「茅茨（質素な家）」または「坊址（僧坊）」で、花山院が出家後比叡山に籠もったときの住まいを指し、為信が出家後に花山院の僧坊を訪れた折の作とされる。

確かに笹川氏の述べられる通り、『為信集』の伝本全てが「はうし」と表記している以上、可能な限り「はうし」のまま解釈を試みるべきである。しかし、そこが華やかであった往時を偲ぶという歌の趣に、もともとが質素な「坊址」「茅茨」は合わないのではないか。また、僧坊を「坊」と表わす例はあっても「坊址」の例は管見に入らない。「茅茨」も『韓非子』『史記』『菅家文草』など漢詩文中に使われた表現で、用例も多くはない。それを和歌の詞書に用いるであろうか。用いるとしても、その場合は漢字で表記するのではないか。

「法事」も漢語だが、日常生活の中で使われた言葉であった。「いと猛に、きら〱しき法事《ほふ》になん有りける」（『落窪物語』）・「朱雀院の御四十九日の法事に、かの院の池の面《おも》に霧《きり》のたちわたりて侍りけるを見て」（『拾遺集』哀傷・一二八八詞書）など、仮名文学の中にも早くから用いられている。また、『源氏物語』（以下の本文は『源氏物語大成』による）には一〇例認められるのだが、中には「みこのほうしつかうまつり給へく」（若菜下・一二一三頁）・「たゝむ月のほうしのれうに」（宿木・一七四七頁）・「この御ほうしのしのひたるやうに」（蜻蛉・一九六一頁）のように、ひらがなで表記され、かつ音便が生じている例もある。『為信集』の「はうし」は、華やかな往時を偲ぶという点でも、ひらがな表記という点でも、「法事」と捉えた方が良いように思われる。

七月七日、庚申《かむし》に
秋《あき》の夜《よ》のおどろかす音《ね》になかずとも　鹿《しか》のこよひは誰《たれ》かいを寝《ね》ぬ（一一六）

平安時代、七月七日が庚申に当たるのは貞観元年（八五九）・延喜十六年（九一六）・永観元年（九八三）・寛弘六年（一〇〇九）・長久元年（一〇四〇）・長承二年（一一三三）である。今井源衛氏はこのうち、一五〇番歌の詞書に「六波《は》羅《ら》に詣《ま》でて」とあることから、六波羅蜜寺が建立される応和三年（九六三）以前の二例を候補から外されている（なお、岡一男氏は、「六波羅密寺」の呼称は空也上人没後の天禄三年（九七二）以降であり、『為信集』の成立もそれ以降であると述べられている）。そして、五番歌の詞書「花山院ほふし」と七月七日庚申の年とを照らし合わせて、次のように述べられている。

この邸宅（筆者注：花山法皇の邸宅）は長和三年までには、持主も住む人も院には関係のない人と変わり、「花山院」の称号もほとんど用いられなくなっていた上に、同年邸宅の主要部分も焼失しては、ことに花山法皇の追悼法会など行われるはずもない。それ故、この歌は（筆者注：「花山院」の邸宅名が使われるようになる）寛弘五年の翌寛弘六年から遅くとも長和二年ごろまでの成立であり、私は、先に述べた七夕庚申の寛弘六年に考え合わせてみると、もっとも可能性の大きいのは、故院一周忌の寛弘六年二月八日だと考えるのである。

今井氏が貞観元年・延喜十六年・長久元年・長承二年を候補から除外された点は首肯される。しかし、五番歌と一一六番歌とが近い時期に詠まれたという蓋然性は乏しく、永観元年も候補として残しておくべきだろう。

文《ふみ》などやりし人、尼《あま》になりて、本院侍従が集《しふ》やあるといふ返事に
世中をきみがそむきしその日より　わが人知《し》れぬしふも絶《た》えにき（八五）
返し
人ごとに君《きみ》がとどむるしふなれば　おぼろけにては絶《た》えじとぞおもふ（八六）

女から『本院侍従集』を貸してほしいと請われた折の贈答歌である。この記述から今井氏は、『為信集』の作者は「愛書家文学好きとして評判される」人物と推測された。笹川氏は「本院侍従は、美作守藤原為昭と結婚し、為昭との間に則友という子供を儲けていることが知られる。則友の弟、知光は、本院侍従の子供であったかどうかは明らか

でないが、（中略）文範の養子になっていることが知られるのである。為信の手もとに『本院侍従集』があったのは（中略）知光を通じての縁故に由るものだったのである」と述べられている。

故貫之《こつらゆき》が書き集《あつ》めたる歌《うた》を、一巻かりて、返すとて
ひとまきに千々《ちぢ》のこがねをこめたれば　人こそなけれこゑは残《のこ》れり
内蔵助《くらのすけ》時文《ぶ》が返《かへ》し
いにしへの千々《ぢ》のこがねは限《かぎ》りあるを　あふはかりなき君がたまづさ（『恵慶法師集』一五八・一五九）

右のように平安時代は大歌人の家集であっても世間に流布しておらず、多くはその遺児に求めたのである。『為信集』作者が『本院侍従集』を持っていたのも、本院侍従と姻戚関係にあったからと考えるのが穏当であろう。このことからも、やはり『為信集』作者は紫式部の外祖父為信と考えられる。このことに対する同名異人説が根拠とするところを見てみる。

しのびて、飽《あ》かずおぼゆる人をおきて、親《おや》の御供《とも》にとほき田舎《ゐ中》にまかり下りてすなはち、人を上《あ》げていつしかと待つほどに、帰《かへ》り来《き》たるを見《み》れば、やりし文も具《ぐ》して、「これなん奉《たてまつ》れと侍る」とて、紙《かみ》の端《はし》に、「死《し》ぬ」とて書《か》き付《つ》けたりける
草の葉にちぎりおきてし露の身《み》の　絶《た》えて消《き》えぬるけふは知《し》らじな（四一）
これを見侍るに、いみじう悲《かな》しうて、もてかへりたる文やる（「やく」カ）とて
藻塩草《もしほぐさ》やくにぞまさる我《わ》が心《こころ》　身より煙《けぶり》の立《た》たぬばかりぞ（四二）

この贈答歌について岡氏は、「文範が国守として赴いたのは、天慶八（九四五）年三月の摂津守の際だけである。（天徳四年の美作守は兼官…（中略）…摂津は遠い田舎でもなく、第一、前述の如く、承平三年頃（九三三）の生誕だから、天慶八年現在は、まだ十三歳の少年だったというわけである。『為信集』の作者と、紫式部の外祖父為信とは同名異人である。」と述べられている。これに対して笹川氏は、「文範は弁官として活躍していたとはいえ、天徳四年一月二四日に美作権守を兼任（公卿補任）して以降、一時的に美作に下向したことがなかったとは言えない。そして、もしそのようなことがあったとすれば、まだ蔵人雑色にも補せられていない為信が同行した可能性も十分考えられるのである。」と述べられている。

ここで文範の閲歴を簡略に記しておく。文範は延喜九年（九〇九）生、長徳二年（九九六）没。藤原元名の二男で、母は大納言藤原扶幹女。京官としては天慶四年（九四一）三月に少内記となって以降、同年四月に蔵人、天暦六年（九五二）一月に左少弁、同八年に右中弁、同九年二月左中弁、天徳二年（九五八）に内蔵人頭を兼任し、康保三年（九六六）には右大弁と、弁官として昇進していく（『公卿補任』）。弁官は太政官における庶務や文書を扱い、また、太政官と諸官司・諸国との間の連絡に当たる職掌である。康保四年（九六七）正月、任参議。天禄二年（九七一）十二月、権中納言従三位に任叙され、翌三年中納言。寛和二年（九八六）七月従二位に叙せられた。この間、地方官を兼任することもあった。天慶八年（九四五）三月摂津守。天暦九年（九五五）には、山城守であったらしい（『東大寺続要録』『大乗院社雑事記』）。これは父元名の穴を埋めるための補任であったと思われる。元名は天暦七年正月に山城守となったが、翌年三月には大宰大弐に任ぜられ九月に赴任している。文範の在任期間が父の残した二年間に限られたのか、四年間であったかは未詳である。その後は天徳四年（九六〇）一月に美作権守、天禄元年（九七〇）正月には備後権守となった。備後権守補任時、文範は参議であったからおそらく遙任であろう。

公卿日記や太政官符などを見ると文範の名が頻々と現れ、確かに都で弁官として活躍していた事が知られる。しかし、弁官を兼任した国司が、地方に下向した例がないわけではない。元慶二年（八七八）五月四日、右中弁藤原保則は弁官を保ったまま出羽権守に任じられ、即日征夷のために出羽国に赴いている（『三代実録』同日条）。時代は下るが寛仁二年（一〇一八）年一月、左小弁源経頼が近江守に任ぜられた。彼の日記『左経記』には、同年三月一一・一二日に道長・彰子らに罷申の挨拶をしたとあり、一時的にせよ任国へ下向したのは確かである。また、『左経記』の翌年一〇月二九日条には犬上郡（現滋賀県犬上郡豊郷町・甲良町・多賀町）犬上寺に宿すとある。『小右記』同月二五日条には、当時石山寺に敦明親王が参籠していたが、国司経頼はそれを事前に知りながら「入部」と称して「奥郡」にいたことを、何の饗応もしていないと記している。これらの記録は、経頼が国司としての公務のため暫時近江国に滞在していたことを窺わせる。弁官であっても、必要であれば地方に下向することもあったのである。

史料には弁官文範の名が頻繁に現れると述べたけれども、美作権守を兼任していた応和二年（九六二）は、二月八日の春日祭（『西宮記』）の後七月一〇日まで史料に名が現れない。この年は大雨や日照りなどの異常気象が相次ぎ、祈祷も度々行われていたから、美作の状況を視察しに行くということもあったかもしれない。この時の美作守は参議・橘好古（八九三〜九七二）。下向するとすれば、参議で高齢の好古よりも文範の方が可能性は高い。京から美作までは四日だから、一時的下向も不可能ではなかろう。

また、文範の親族に伊予国の国司となった者が多いことも注目される。父方の伯父元善は伊予介（『尊卑分脈』）、父元名（『公卿補任』）・弟知章（『小右記』『権記』）・知章の息章信（『小右記』）はいずれも伊予守となっている（『弁官補任』は章信を権守とする）。また、文範には国章という弟もいるが、彼が伊予守能守女との間に儲けた景舒は伊予介となり、伊予守能正女（能守女と同一人物か）との間に儲けた景斉の息貞光も伊予守となったらしい（『尊卑分脈』）。なお、貞光の母は備中守為雅女、すなわち文範の孫娘、為信の姪である。

この伊予国司経験者の多さは、元善や元名が伊予国司在任中に私領を得、それが家の者たちによって管理・運営され、後代に引き継がれたことを思わせる。

平安時代の国司が任国で私領を得ていたことはよく知られているが、その運営方法について戸田芳実氏は、尾張守藤原元命が諸郡郷に設置した佃の管理人として「子息」「郎党」を派遣していた事例などを挙げられ、所領は直系・傍系の親族、家相伝の郎等家人を登用する「家政的支配組織」によって運営されていたと述べられている（『日本領主制成立史の研究』）。また、国司の私領が子孫に相続されたことは、大江仲子が遺産相続争いの際に提出した訴状・処分状から知られる。そこには父公仲の財産として、公仲の父広経が伊勢守在任中に買得した伊勢国領田二三町、祖父公資が受領在任中に得たと思しい遠江・相模の荘や牧が記載されている。

文範が家の私領経営に関わり、伊予国に一時的に下向したことも考えられよう。為信が「とほき田舎」に下向した可能性は皆無とはいえない。

四月ついたちころ、夢に郭公の松《まつ》にゐたるを見《み》れば、羽に青《あを》き色紙《しきし》を結《むす》びつけたり、解《と》き取《と》りて見れば、亡《な》くなりたまひにし親《おや》の御手にて

死出《しで》の山《やま》かへらざりける道《みち》なれば　こと語《かた》らへと言付《ことつ》くるかな（四三）

夢《ゆめ》のうちにいみじう泣《な》きて、かへし

つてに聞《き》くことぞかなしき［　　　　　　　］（四四）

とばかり言《い》ふほどに覚《さ》めぬれば、いはんかたなく悲《かな》しければ

いかばかりとほくもあらじ死出《しで》の山《やま》　塵《ちり》を隔《へだ》つるいのちばかりは（四五）

亡き親を偲ぶ歌群である。岡氏は、「常陸介為信は、永延元年（九八七）一月の出家を経ていくばくもなくして卒したと考えるのが、妥当ではないか。（中略）為信は父に先立つことほぼ十年で卒した。そうとすれば、『藤原為信集』には生前に父を喪い、亡父を夢みて懐かしがった歌があるから、これを紫式部の外祖父としがたいのである。」と述べられている。増淵氏も、「父文範は永延二年（九八八）から永祚元年（九八九）末にかけてはまだ政界で活躍してお

る。ところが、資料不足のためか、正暦元年（九九〇）以降には殆どその名を見ず、わずかに薨去直前の長徳二年（九九六）正月五日に、東三条院に参上したのが目立つぐらいだから、正暦元年（文範八十二歳）頃為信が卒去して、これをきっかけに、高齢を理由に完全に政界から引退したのであろう」と述べられている。これに対し笹川氏は、為信の出家は「花山朝の挫折に端を発する文人たちの現世への絶望に由来する一連の動きの中で起こっていることに注目すべきで」、死期が迫っての出家であれば、実資は『小右記』に書き留めることはなかったと述べられている。また今井氏も、為時が花山帝と盛衰を共にしたことを述べる中で、「永延元年（九八七）正月一〇日には（中略）舅の為信が出家しており、その父の文範も同月一六日に高齢の理由で辞表を提出し、その代わりに次男為雅を備中守に補してほしいと申請している（公卿補任尻附）。為雅が義懐の義兄弟（筆者：『尊卑分脈』によれば義懐は為雅女を妻としている）であることによって、文範はその前途を憂えたための行為であろう。」と言及されている（『紫式部─生い立ち』）。

今井氏が述べられている通り、文範の出家は政治的な理由によるものであろう。眼前に死が迫っていたわけではない。このような出家の例は少なくなく、為信についても出家後間もなく没したとは言い切れない。

周囲の状況からして、為信も政治的な理由で出家したのではなかろうか。花山天皇に近かったのは為信の兄・為雅だけではない。為信の義理の息子、つまり紫式部の父為時も花山天皇と盛衰を共にした官人であった。為時が師貞親王の読書始の儀で副侍読に抜擢されたのは、彼の秀でた学才だけでなく、義懐との姻戚関係も影響したといわれている。為信自身も花山帝に近しい人物だったのではなかろうか。さればこそ、花山院の盛時を偲ぶ歌を詠んだのであろう。

七月七日庚申に詠んだという歌（一一六）も、為信と花山帝の近しい間柄を物語っているのかもしれない。

　花山院、歌合せさせ給ひしに題あまた給《たま》はせたりし、七夕庚申にあたりたりしに

待《ま》ち得《え》たる宿《やど》やなからんたなばたは　こよひはひとの寝《ね》ぬ夜《よ》とか聞《き》く

君が代《よ》のはてしなければたなばたの　逢《あ》ひ見《み》むほどの数《かず》ぞ知《し》られぬ（『道命阿闍梨集』三四・三五）

花山院の御庚申《かむし》に、七月七日たなばた

年《とし》ごとに待《ま》つも過《す》ぐるもくるしきに　秋《あき》はこよひのなからましかば（『惟成弁集』三三）

七月七日庚申《かうし》にあたりたるに、殿上人〳〵歌《うた》よむに

たなばたの緒《を》にぬく玉《たま》もわがごとや　夜半《よは》にをきゐてころもかすらむ（建治本『実方集』一〇三）

花山天皇在世中、七月七日が庚申に当たったのは春宮（師貞親王）時代の永観元年（九八三）だけである。実方の歌だが、彼の生存期に七月七日が庚申となった年も永観元年だけであり、また、花山天皇とは東宮時代から親しかったことを考えると、これも花山天皇の歌合で詠んだものであろう。花山帝の歌宴や歌合には、姻戚関係にある人々が多く集ったから、為信が列席していたとしても決して不自然ではない。為信が七夕庚申に歌を詠んだのは、花山天皇の歌合であったかもしれない。

【参考文献】

本文

〈影印〉

『国立歴史民俗博物館蔵貴重典籍叢書』文学篇第七巻「私家集1」（小柳淳子解題　平成13年　臨海書店）

〈翻刻〉

『桂宮本叢書』2「私家集二」（昭和26年　養徳社）

『私家集大成』中古Ⅰ「惟規集」（今井源衛解題　昭和48年　明治書院）

『新編国歌大観』第7巻「惟規集」（福井迪子解題　平成元年　角川書店）

『紫式部集―付大弐三位集・藤原惟規集』（南波浩校注　昭和48年10月　岩波書店）

研究書

岡一男『源氏物語の基礎的研究』（昭和41年8月増訂　東京堂）

今井源衛『今井源衛著作集』3巻（平成15年7月　笠間書院）

萩谷朴『紫式部日記全注釈』下巻（昭和48年3月　角川書店）

論文

仁平道明「伝為藤筆惟規集断簡」（『汲古』48号　平成17年12月）

仁平道明「『惟規集』断簡「またしらて」」（『汲古』50号　平成18年12月）

犬井善壽「『藤原惟規集』現存諸資料本文試解覚え書き」（『惟規集・俊忠集切小考―付、海外誌発表　西行歌・平家物語小考―』平成24年1月　非売品）

伊藤博「堤中納言兼輔の風流」（『国文学解釈と教材の研究』27巻14号　昭和57年10月）

湯之上早苗「惟規説話と俊頼髄脳」（『文教国文学』15号　昭和59年9月）

藤岡忠美氏「曾禰好忠と遊戯技巧歌」（『藤女子大国文学雑誌』3号　昭和42年11月）

増田繁夫「花山朝の文人たち―勧学会結衆の終焉」（『甲南大学文学会論集』21号　昭和48年10月）
後藤昭雄「『勧学会記』について」（『国語と国文学』63巻6号　昭和61年6月）
犬養廉「河原院の歌人達―安法法師を軸として―」（『国語と国文学』　524号　昭和42年10月）
大曾根章介「具平親王考」（『国語と国文学』35巻12号　昭和33年12月）
大曾根章介「具平親王の生涯（上）」（『源氏物語とその周辺の文学　研究と資料』武蔵野書院　昭和61年5月）
大曾根章介「具平親王の生涯（下）」（『源氏物語と漢文学』汲古書院　平成5年10月）
神野藤昭夫「《源順伝》断章―文人順の晩年と具平親王及びその周辺の人々―」（「跡見学園女子大学国文学科報」20号　平成4年3月）
福家俊幸「紫式部の具平親王家出仕考」（『中古文学論攷』7号　昭和61年10月）
川村晃生「和歌と漢詩文―後拾遺集時代の諸相―」（『中古文学と漢詩文Ⅰ』汲古書院　昭和61年10月）
川村晃生「廃園の風景」（『新古今集と漢文学』汲古書院　平成4年11月）
近藤みゆき「平安中期河原院文化圏に関する一考察」（「千葉大学教養学部研究報告」A―22　平成元年）
杉崎重遠「源道済」（『勅撰集歌人伝の研究』昭和63年5月　新典社）
久保木寿子「和泉式部の詠歌環境―その始発期―」（「国文学研究」71集　昭和55年6月）
中島重子「和泉式部―源道済との贈答をめぐって―」（「国文学研究」72集　昭和55年10月）
福井迪子「大江嘉言考―詠歌活動とその交友―」（「語文研究」34号　昭和47年12月）
池田亀鑑「坊門局筆為信集」（『日記・和歌文学』　昭和43年6月　至文堂）
笹川博司「『為信集』の作者について」（『為信集と源氏物語』平成22年5月　風間書房）
増淵勝一「紫式部とその周辺資料」（『源氏物語講座』6巻　有精堂　昭和46年12月）。
今井源衛「為信集と源氏物語」（『王朝文学の研究』昭和45年10月　角川書店）
中島あや子「源氏物語と為信集」（『鹿児島大学法文学部紀要文学科論集』13号　昭和52年8月）
中島あや子「為信集の形成要因について」（『鹿児島大学国語国文薩摩路』22号　昭和53年3月）
角田文衛「夕顔の死」（『角田文衛著作集』7巻　昭和59年12月　法蔵館）
後藤祥子「源経信伝の考察」（『和歌文学研究』18号　昭和40年5月）

田口和夫「『俊頼髄脳』呉松孝説話と源経信―『今昔物語集』典拠論のために」（「説話」9号　平成3年3月）
今野達「今昔物語集の成立に関する諸問題―俊頼髄脳との関連を糸口に―」（『国文学解釈と鑑賞』第28巻1号　昭和38年1月）
戸田芳実「領主的土地所有の先駆的形態」（『日本領主制成立史の研究』昭和42年2月　岩波書店）

池田和臣（いけだ・かずおみ）

一九五〇年、東京都新宿区生まれ。東京大学人文科学研究科国語国文学専攻博士課程中退。博士（文学・東京大学）。

現在、中央大学教授。一般社団法人書芸文化院理事。公益財団法人独立書人団評議員。

著書、『源氏物語　表現構造と水脈』（武蔵野書院）、『飯島本源氏物語（一〜十）』（笠間書院）、『逢瀬で読む源氏物語』（アスキー新書）、『あきのの帖　良寛禅師萬葉摘録』（共著、青簡舎）、『古筆資料の発掘と研究―残簡集録　散りぬるを』（青簡舎）など。

徳武陽子（とくたけ・ようこ）

一九七九年、東京都生まれ。中央大学大学院文学研究科国文学専攻博士課程後期課程中退。

現在、恵泉女学園中学・高等学校教諭。

論文「新出『山路の露』の古写断簡」（『汲古』50号）、「『源氏物語』の語り―「き」の主体と語りの構造―」（『古代中世文学論考』22集）、「『長能集』一二九番歌の「栗」について」（『中央大学国文』60号）など。

惟《のぶ》規《のり》集《しゅう》評釈

二〇一七年一二月二〇日　初版第一刷発行

著　者　池田和臣
　　　　徳武陽子
発行者　大貫祥子
発行所　株式会社青簡舎
〒一〇一-〇〇五一
東京都千代田区神田神保町二-一四
電　話　〇三-五二一三-四八八一
振　替　〇〇一七〇-九-四六五四五二
印刷・製本　株式会社太平印刷社

ISBN978-4-909181-03-9 C3092　Printed in Japan